四步助你成为外贸高手

郑 锴 著

中国海关出版社有限公司

·北京·

图书在版编目（CIP）数据

四步助你成为外贸高手 / 郑锴著. —北京：中国
海关出版社有限公司，2021.11
ISBN 978-7-5175-0536-5

Ⅰ.①四…　Ⅱ.①郑…　Ⅲ.①对外贸易—教材　Ⅳ.①F75

中国版本图书馆 CIP 数据核字（2021）第 228605 号

四步助你成为外贸高手
SIBU ZHUNI CHENGWEI WAIMAO GAOSHOU

作　　者：郑　锴
策划编辑：史　娜
责任编辑：夏淑婷
出版发行：中國海關出版社有限公司
社　　址：北京市朝阳区东四环南路甲 1 号　　　　邮政编码：100023
网　　址：www.hgcbs.com.cn
编 辑 部：01065194242 - 7539（电话）　　　　01065194231（传真）
发 行 部：01065194221/4238/4246/4254/5127（电话）　01065194233（传真）
社办书店：01065195616（电话）　　　　　　　　01065195127（传真）
　　　　　https：//weidian.com/？userid =319526934
印　　刷：北京铭成印刷有限公司　　　　　　　　经　　销：新华书店
开　　本：710mm×1000mm　1/16
印　　张：12.25　　　　　　　　　　　　　　　　字　　数：135 千字
版　　次：2021 年 11 月第 1 版
印　　次：2021 年 11 月第 1 次印刷
书　　号：ISBN 978-7-5175-0536-5
定　　价：58.00 元

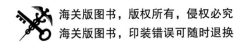

序言

PREFACE

    2001 年 12 月 11 日，我国正式加入世界贸易组织（WTO），成为其第 143 个成员。二十年来，我国外贸得到了长足的发展，2001 年我国进出口总额仅 5098 亿美元，占全球进出口总额的 4.05%，全球排名第六；2020 年，我国进出口总额高达 46463 亿美元，比 2001 年增长了 8 倍多，占全球进出口总额的 20.66%，全球排名第一。

    加入世界贸易组织二十年后，我国已成为名副其实的贸易大国。若要使我国从贸易大国成为贸易强国，高水平外贸人才培养是关键。入世二十周年之际，作者提炼总结二十余年丰富的外贸工作经验，撰写了《四步助你成为外贸高手》一书。该书既为献礼入世二十周年，也是我国高水平外贸人才培养的"及时雨"。

    该书讲述了询盘处理、贸易沟通、订单处理、市场开拓四步，步步重要；传授了九十二招，招招管用，是外贸高手的修炼要诀。作者凭借其丰富的外贸实战经验，环环相扣，娓娓道来，通俗易懂，轻描淡写间化解了外贸各环节的痛点和堵点。该书的出版，必将给我国高水平外贸人才培养带来较大的影响。

章安平

国际贸易专业二级教授

全国外经贸行指委委员

全国外贸业务员考证教材主编

目录

C O N T E N T S

C HAPTER
第一章

01

询盘处理

四步助你成为外贸高手

1.1

从询盘中分析哪些信息

1.1.1 询盘 （Inquiry）

从事外贸行业，卖家不可避免地需要每天寻找商业机会，而作为商业机会的载体，卖家通常将与客户建立商业机会的邮件称为询盘。而"询盘"一词只是中文的注解而已。在国际贸易中，卖家把询盘返回到最初的英文状态 Inquiry。通过对这个英文单词的简单理解可知道，Inquiry 的本意仅仅是查询和询问或者调查等基本含义。因此，顾名思义，询盘就是潜在买家对于潜在卖家有针对性地询问关于能否建立商业合作的一些问题，并希望从潜在卖家这里获得相关回应的过程。

1.1.2 商业模型

既然说询盘是商业机会的载体，如果潜在买家希望询盘能够达到的目的是通过发送询盘来获得一些关于是否建立商业合作基本模型的信息的话，那么卖家就应该从根源对询盘进行条理性分析，从卖家端构建出一个买家期望中的商业模型的基础形态，并且围绕这个形态展开后续洽谈。当然，一开始，卖家所构建的商业模型或许并不准确，甚至是错误的，但是，这不会有什么问题。因为无论如何，一个有条理的商业模型的构建更有利于建立洽谈的商业逻辑。

在大多数情况下，卖家并不清楚买家的需求是什么。这里，笔者有必要强调一个观念，就是以用户需求为出发点来构建一切才是正确的。如果不是基于客户需求来构建，那只能被称为"自说自话"。因此，卖家从收到买家询盘的那一刻起，就要通过方方面面的细节来分析买家的需求。然而，卖家又说不清楚买家的需求是什么，至少大多数情况下，买家没有很详细地描述这些细节，卖家应该怎么做呢？那就是先构建卖家自己的商业模型，让买家进入其中，然后一步步地引导出买家的需求。因此，与其说第一步是揣测买家的需求（也就是我们说的猜），不如说是卖家尝试引导买家的采购需求更为贴切。

 ### 1.1.3　如何构建商业模型

卖家可以从以下几个方面来展开商业模型的构建。

1.1.3.1 卖家的商业模型是什么，卖家希望做什么样的业务

不同的卖家，会设定不同的生产规模。因为行业的不同，针对产品类别的不同，企业规模的不同，往往会采取不同的销售策略，所以，在不同的卖家看来，选择的商业模式也是不同的。有的卖家希望更多的业务是基于大量生产的，有的卖家是基于定制化生产的，而有的卖家则希望能接到小批量的订单。那么，询盘时的第一步，一定是基于自己的商业模型对询盘背后的商业模型做出初步判断。而此时，卖家脑中出现的往往就是对方的采购规模。因此，询盘的第一步就是对信息进行预判。

1.1.3.2 卖家的目标市场在哪里，围绕这些市场对产品的品类和价格区间做出规划

通常而言，因产品定位的不同，一个产品不可能适合所有市场。而对于卖家来说，一般都会拥有一些主打产品，这些主打产品通常会针对某些市场做出一系列优化，所以，在业务初期，产品的设计和定位决定了卖家的目标市场。尤其是对于中小型企业来说，产品目标市场如果出现了偏差，销售也会随之出现问题。如果来自非目标市场的询盘，所带来的可能就不一定是好的商业机会。所以，面对询盘时，卖家更应该针对买家的目的市场做出预判，如果不这么做，产生的后果就是无论怎么谈，合作的机会都会非常低。然而，卖家同样需要注意一个问题，那就是不能简单地以买家发送询盘的地理位置来判断买家的目的市场是否是卖家的目标市场。因为有不

少买家的所在地和销售目的地是不一样的，卖家需要将这个问题确认清楚。

1.1.3.3 卖家的产品优势是什么，如何从产品上刺激买家的需求

一笔业务能否成功，最关键的因素是产品本身，因为买家要采购的是产品，其他因素只能被称为影响业务的支持因素。那么，清楚自己产品的优势，以及面对目标市场的特定优势条件就能保证第一时间是因为产品本身而吸引买家发送询盘的，而不是买家"偶然"发送的询盘。买家发送过来的询盘角度，卖家需要从询盘中分析得出买家为何而来，或者说是什么产品将买家吸引过来的。如果卖家是通过跨境电商平台收到的询盘，绝大多数是因为买家发现了产品才发送询盘，所以，这给了卖家很大价值的参考。如果是通过官网或者其他非电商手段，而卖家的产品品类又比较多的话，那就需要花一番工夫来弄清楚这个问题。

1.1.3.4 卖家的合作要求是什么，对象又是谁，对于卖家的合作对象有没有明确的要求

基本上，每一个卖家都会对买家有一个潜在的"画像"，同时对于合作也有一定的要求，比如付款方式、交货日期等。在买家看来，他们并不明确卖家的这些要求，他们仅仅因为对产品感兴趣而给卖家发送了询盘，这就使得卖家在这个问题上的解释成本会比较高。根据以往的经验，因为前期对于这一问题解释不清，造成后期无法合作的案例数不胜数。要知道，茫茫商海，能相互认识是一种缘分。

卖家收到买家询盘的那一刻可能会设定一个假设，就是买家知道应该怎么做，假定一个"行业惯例"，这是最不可取的。那有没有办法将这个条件先行让发送询盘的买家知道呢？答案是肯定的。只需要在产品说明中把这些条件都设定完整，即买家在发送询盘之前就清楚地知道他们要联络的对象有什么要求，而他们是否可以满足这些条件。

卖家了解了商业模型的基本因素之后，再从买家视角来看一下，买家有哪些要求。因为在笔者看来，商业是千变万化的，也就是说，商业是"活"的，询盘中包含的内容远远不止一个简单的查询而已。如果卖家把建立商业合作比喻成搭建一栋房子的话，那询盘的内容就是搭建这栋房子的地基材料。注意，这还没有到地基，仅仅是材料。如何搭建地基，地基是否稳固，都与卖家如何发"验收"材料有直接关系。

1.2

分析询盘中的买家信息

上文中笔者提到过，当卖家收到一个询盘时，需要考虑的不仅仅是客户需要的产品本身，更应该从构建商业模型的角度去看待询盘，同时，笔者也提到了需要对买家的商业模型进行构建。但是，由于卖家从第一个询盘中很难了解买家真实的需求，所以，卖家需要进一步地构建买家的其他信息，以便更好地分析买家的数据，并对这些数据进行有条理的重构，从而得出更多信息。

在本节里，笔者详细地对询盘中的客户信息进行分析，看看如何通过询盘中获取的信息对买家进行"画像"，最终构建出一个卖家能够具象化的买家。

一般来说，卖家可以从以下几个方面进行分析。

 ## 1.2.1　买家是否提供了电子邮件

一般来说，卖家可以由两个途径找到买家的电子邮箱：一是买家在电商平台注册时，一般会预留一个电子邮箱以方便平台上的卖家或者平台联络他们；二是买家在详细的询盘内容中留下他们的电子邮箱，方便卖家直接联络。卖家不用纠结买家提供的电子邮箱是否是一个拥有独立域名的邮箱，因为无论卖家是哪种角色，都无法强制要求买家一定要拥有一个自己的域名用作企业邮箱。另外，每个人都有自己的习惯，在中国以外的很多国家，由于网络访问的便利性，人们往往注册一个免费邮箱之后会一直使用。就像中国人会将银行账户、支付宝、微信等绑定一个电话号码一样，他们同样会把很多服务都绑定某一个常用的邮箱。一般情况下，他们不会随意更换自己的常用邮箱，因此一旦注册了一个常用邮箱，几乎所有邮件的交流都会通过这个邮箱来完成。当然，有的买家会使用企业邮箱，这是因为他们会刻意地将工作与生活区分开来，而且，一些管理比较规范的公司会主动要求员工使用公司统一配发的企业邮箱，这样可以更好地管理所有信息的收发，确保能够有效地监管和备份信息。然而，这样的公司并不太多，笔者的观点是完全没有必要执迷于去挖掘买家的企业邮箱，况且，电子邮箱的作用是为了传递信息，而不是为了区分买家的等级。

笔者更想说的是，买家是否提供电子邮箱这个行为在某种程度上说明了买家对于合作的迫切性。如果一个买家将他的电子邮箱体现在询盘中，也在一定程度上说明买家希望得到卖家真实有效的回复，以便于开展后续的工作。针对如何验证邮箱是否有效，笔者将在另外的章节中说明，这里不再赘述。

 买家是否提供了电话号码

有的国家仍然延续着传统的方式，就是通过电话来建立联络。众所周知，中国已经是世界上移动网络应用的第一大国，移动互联网的渗透率已经高于其他绝大多数国家，因此，我们常常用自己的习惯去判断其他国家的行为习惯，这是不对的。笔者也常常因为习惯问题而深受困扰。由于工作的原因，笔者经常要出国，免不了与许许多多的外国人打交道。在此过程中，他们还是习惯于递送名片，但是中国人之间早已习惯通过互相添加微信或者钉钉来进行沟通。在很多情况下，笔者会因为忘记随身携带名片而造成一些略微尴尬的场面。

　　如果买家在询盘中提供了电话号码，则表示买家在某种程度上更趋向于卖家可以在适当的时候通过电话方式来联络他们，而不是通过邮件或其他方式。当然，卖家都知道在商业环境中，有一款即时沟通工具叫 WhatsApp，它的本质就是通过电话号码来添加联络对象。因此，如果在询盘中看到买家留下的是电话号码，那就意味着买家是希望卖家通过添加他们的 WhatsApp 来进行联络的。

　　在询盘中是否提供了电话号码，代表的不仅仅是一种联络方式，笔者更愿意将它看作买家是否愿意开通除了邮件沟通之外的其他沟通方式，是一种合作的态度。

 1.2.3　买家是否提供了公司网址

　　正如上文中笔者提到的电子邮箱一样，有的买家会在询盘中留下他们的企业网址（Homepage，website，URL）。众所周知，现在申请制作一个网站的成本是非常低的。一个域名加上一个网络的总价，在第一年，一般不会超过 99 美元，而且很多情况下，是通过一些现成的模板来完成搭建的。然而，大多数买家并不清楚如何完成这一步工作。因此，如果有买家询盘时为卖家提供了企业网址，很大的可能就是买家对于自身的企业形象还是相当注意的，留下网址的原因无非是希望卖家可以更直接地了解他们的企业和他们的工作。如果卖家在询盘中发现了买家的企业网址，一定要先去访问一下，看看买家的基本情况，再决定与买家沟通的具体措施和方案。这里，笔者想说句题外话，卖家无论是否通过电商平台从事贸易，一个企业网址都是必需的。因为在企业网址上，你可以在合法的情况下，将更多的企业信息通过网址展示给潜在买家，而买家根据经验分析，对于拥有企业网址的卖家，尤其是在企业网址上展示了精美企业形象和详细企业信息的卖家更加青睐。

 ### 买家是否有公司名称

每次讲到此内容，笔者都会很小心。为什么呢？因为外国商人，很多时候是不需要以企业的身份就可以从事国际贸易的。也就是说，他们是否拥有一家公司，并非制约他们采购的主要因素，所以买家是否在询盘中提供他们的公司名称并不重要，重要的是他们是否与买家建立真实的合作。另外，在许多国家，开设一家公司的成本并不高（当然，这是指公司的成立人是所在国的公民）。拥有一家公司，代表他们可能存在本国的业务，而没有公司，则说明他们可能是一些 Freelancer，或者称为自由职业者。他们一般通过交换信息来做业务。本身这种商业模式已经存在了上千年，笔者在这里不做任何说明或者拓展。

如果买家在询盘中向卖家透露了他们公司的名称，那仅能代表他们具备商业实体（不是说他们就是一家大公司，有办公室、工厂或者商店），可以以公司的名义与卖家进行合作，仅此而已。大可不必因为查不到对方的公司信息就主观地判定他们不是一家具有实力的企业。况且，即使是一个大买家，他们通常也不愿意在最初的沟通阶段就将自己的底牌全部透露给卖家。

 1.2.5　买家是否在询盘中提供了他（她）在公司中的个人职位

如果买家在询盘中向卖家提供了他（她）在公司中的个人职位，比如采购经理、工程人员或者某个公司的 CEO，在笔者看来，他们对于与卖家的合作期望是比较高的，否则也没必要把自己的形象树立起来。如果买家在询盘中提到他（她）在公司的职位，可以让卖家相比较明确地感知到买家对于卖家是有一定的期望值的，也需要卖家相应地做出正确的回应。比如，在回复的邮件中将自己在公司中的职位和权限也给予充分的说明等，这有利于建立平等的沟通。

 1.2.6　买家是否提供了他们的采购流程

不同的买家，其采购流程是不同的，而且，由于买家扮演的角色不同，他们的采购流程也大相径庭。一部分大型采购商，他们往往会采用三人一组的采购项目制。一个人负责与供应商的沟通，获取最直接的产品信息；另一个人负责与最终买家沟通，确保所要采购的商品与买家的需求；第三个人则负责与发货和付款相关的所有事务，确保采购进展的顺利。如果买家的角色是最终买家，则采购流程相对简单，他们关注的是商品本身与他们的需求是否一致。如果买家的角色是中间商（与大型采购商不同），他们的采购流程相对比较灵活，因为他们的关注点在于采购能为他们带来的直接经济利益。

因此，在询盘中，如果买家潜移默化地透露了他们的采购流程，这对于卖家建立买家"画像"有相当大的帮助。同时，这也是提醒卖家，无论何时，都可以通过采购流程从根本上判断买家的角色。

这节中，笔者着重分析了询盘中如何建立买家"画像"，同时通过分析，帮助外贸从业人员厘清询盘中的一些关键点，这些是外贸从业人员必备的能力之一。我们不能单一地通过某一信息做出盲目的判断，也不要对询盘中的信息复杂化，要抓住核心，从商业的本质出发才能更好地帮助我们提高对询盘的理解。

1.3

根据询盘中的买家信息对询盘进行合理分类

 国际贸易流程

1.3.1.1 常规国际贸易流程

一般来说，常规的国际贸易流程如图 1 −1 所示。

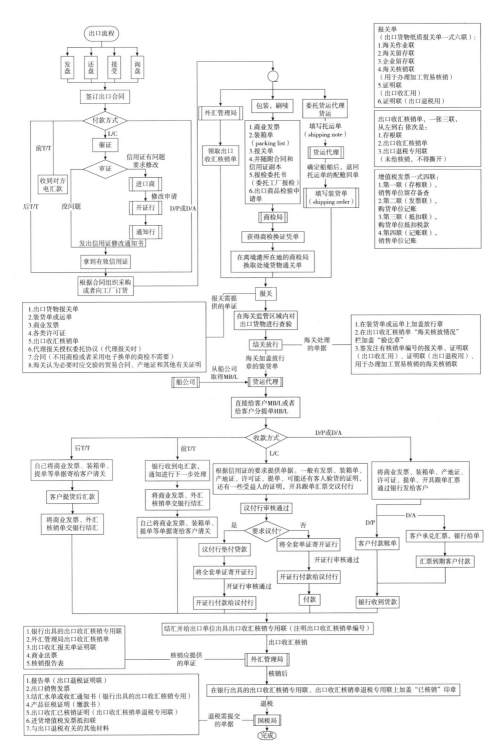

图 1-1 常规国际贸易流程

1.3.1.2 简化国际贸易流程

当然,我们可以把上面这个复杂的流程简单化,如图1-2所示。

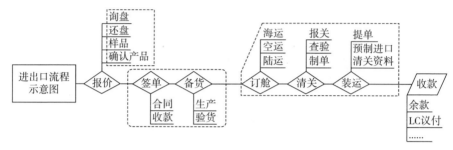

图1-2 简化的国际贸易流程

1.3.1.3 国际贸易流程的发展趋势

未来,国际贸易流程的发展趋势如图1-3所示。

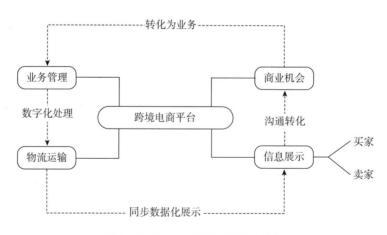

图1-3 国际贸易流程的发展趋势

这只是一个简单的流程展示,但是,从繁到简的变化中,我们却发现了产生这些变化的根本原因,或者说这些变化推动我们所从事的国际贸易由行为转向行动。

 ## 1.3.2 沟通方式

1.3.2.1 电话、传真

过去，由于沟通渠道的匮乏，导致的结果就是买家不得不通过电话或者传真的方式与潜在的卖家进行联络。一方面，这种联系方式的时间成本相较于互联网联络方式更高；另一方面，由于联系信息挖掘的难度比现在要高，造成每一次的沟通都要尽可能地简洁明了，而且，由于语言等各方面原因，买家和卖家之间的沟通常常需要通过多次的往来才有可能完完整整、事无巨细地完成。因为跨境贸易不同于国内贸易的一点，就是买卖双方处于不同的国家或地区，如果在沟通中出现任何形式的偏差，都有可能导致最终贸易结果的失败，所以，买卖双方在沟通这个问题上也是通过各种办法来解决。最好的办法当然是通过面对面的交流，这也是为什么每当有展会时，买家或者卖家都希望在展会上见面。没有什么形式的沟通比面对面的洽谈更加直接和有效。

1.3.2.2 邮件

伴随着国际经贸往来的深入开展，国家与国家之间的交互在进一步加强，买卖双方通过见面的机会也越来越多。由于中国出口商品的多样性和中国产业链的丰富，不仅让中国成为世界工厂，而且在国内实现了不同形式的产业带，这又增加了国际贸易双方的交流与合作。尤其是互联网技术的迅猛发展，买卖双方不再需要通过传统的方式来进行沟通和交流，而是通过电子邮件来确认贸易合作的细节。这大大地提高了沟通的效率和准确性，也降低了国际贸易沟通的门槛。随着越来越多的企业加入跨境贸易大军中，跨境合作越来越频繁，国际贸易也变得不那么神秘，由此国际贸易流程也因为国际间合作的加深而产生了非常强烈的变革需求。

 交易磋商的程序

1.3.3.1　发盘

通常而言，买家的第一封联络邮件，如果包含了对于产品、服务或者卖家信息的询问，卖家就可以看成是一个发盘，而针对这个发盘所产生的回复或者反应，都可以看作是一个还盘。在双方接受沟通洽谈的结果后，卖家可以开始草拟合作协议或者订单，而后续的，就是针对订单中对于产品的约定来完成履约过程。在履约的过程中，不可避免地会和不同国家（地区）的相关监管部门产生关联。不同国家（地区），监管条件不同，致使卖家履约的过程也有所不同，并且，由于行业、产品的不同，以及订单中所约定的付款方式、运输方式的不同，也会带来一系列流程的不同，这就是常规国际贸易流程如此复杂的根本原因。

现在看来，这些流程是不是因为互联网的产生而被精简了呢？答案是并没有。原因在于，无论是哪一个过程，都是一个国家（地区）对于进出口贸易的监管所必需的。但是，卖家可以通过技术手段，将这些过程数字化，从而高效地完成这一系列流程，这也是每一个与跨境贸易有关的平台或者机构所努力的方向之一。

让我们回到主题。首先看一下发盘的变化。过去，由于客观条件的限制，买家没有一套更好的机制来完成询问这一过程，所以采用了电话、传真或者电子邮件的方式。随着技术的发展，买家与卖家之间的沟通渠道变得越来越"短"，这也就意味着，买家可以通过更多的方式来与卖家构建沟通渠道，可以是线下的，更有可能是线上的；可以是非实时的，更可以是实时的。我们可以预见的是，在不久的未来，买卖双方之间的沟通会因为技术的革新带来翻天覆地的变化。

1.3.3.2 还盘

还盘，目的是针对买家的查询要求，卖家给出一个有效的答复，同时，针对一部分不清楚的问题，卖家可以在还盘中反向询问一些与发盘有关的问题。既然发盘和还盘的目的是让买家和卖家之间能完成针对性的信息交流，那么，我们就很容易联想到现在的即时沟通工具，比如 WhatsApp，或者是早期的 MSN，以及在中国几乎占据了半壁江山的微信。即时沟通工具要解决的问题，在笔者看来主要有两个，一个是维护私人社群的功能，另一个就是高效完成信息沟通和交换的过程。

这么看来，如果买家和卖家开始通过即时沟通工具来完成沟通，那么就意味着通过电子邮件或者其他"书信"类的形式完成的还盘，存在的意义就越来越小。当然，这里指的是沟通的过程，而不是通过电子邮件或者其他方式来完成书面文件传递的这个步骤。

既然还盘可以通过在线的即时沟通工具来完成，那发盘是不是也可以这样完成呢？答案是肯定的。事实证明，越来越多的买家都会使用，或者开始使用一些非"书信"类的方式来代替合作初期的发盘和还盘等对于商业合作来说不可或缺的工作流程。而实时的沟通，也确实比"书信"往来更能传递和表达买卖双方的意见和对于合作的建议。

1.3.3.3 接受、确认

在发盘和还盘的过程被最终取代之后，在传统国际贸易流程中必需的一个环节是接受和确认，这个环节会不会被新的手段代替呢？答案是肯定的。在国际贸易流程中，接受及确认的是一些与合作密切相关的数据，或者说是代表合作细节的数据。一旦这些数据不需要以纸面来体现，就说明它们被数字化。这些数字化的细节会被妥善保管在数据库中，被相关的买家和卖家有效地调用，并通过合理有序的组织，最终以适合买卖双方确认的形式表现出来。这就是在线订单系统，基于沟通，来源洽谈，而又将所有细节进行数字化的表现。

1.3.4 沟通的结束

不知买卖双方是否发现，询盘在国际贸易流程中真正出现的时间点其实是在沟通最后。也就是说，只有买家和卖家真正对于双方的合作前提有了最基本的了解和确认之后才产生的，而非人们平常所理解的询盘。因此，在对询盘的理解上，笔者认为应该做出一定的调整。也就是说，人们对于这个概念更多地应该站在如何让买家了解卖家的产品并在初步接受产品或服务等之后再与卖家建立直接沟通，同时做出针对合作的行为，也就是真正意义上的询盘。

在日常工作中，买家总会产生类似于如何跟进询盘的疑问。但奇怪的是，笔者发现在大多数时候买家理解上的跟进询盘，其实是在做一些与询盘无关的事情，更多的时候，不是朝着合作本身去做，而是纠结于一些合作的前提条件，比如产品参数、贸易条款等。事实上，当我们了解了上面对于询盘产生的逻辑之后，就会明白，这种跟进是没有意义的，因为它已然失去了合作的前提。

1.3.5 跨境电商平台中询盘的意义

在跨境电商平台上，卖家有充分的空间和时间来"修饰"和展示自己的产品和服务。而买家与卖家实际上是在同一个平台上工作的，只是卖家无法判断买家是否对自己的"修饰"和展示感兴趣。这里，笔者暂且不展开说什么样的产品展示可以吸引买家的注意，先说平台起到的作用和它是如何推进国际贸易流程的。平台上的买家对于产品和服务产生自我认知后，无时无刻不被平台引导着与卖家建立沟通。这种沟通一旦建立，立即就会转化成为一种潜在的商业机会。当卖家通过平台与买家建立联系之后，这种双向的沟通，会促使潜在的商业机会自动转化成为买卖双方的合作机会。而之后的沟通，都会自然地将数据沉淀到平台的数据库中，为后期的业务调用做准备。这就不难理解由于互联网高速发展所带来的种种变化了。至于买卖双方的合作发生实质化之后产生的物流管理、资金调度等，笔者在这里先不详述，在后面的章节中会有更详细的说明。

在本节内容中，笔者主要希望外贸从业人员能明白，传统意义上的国际贸易流程无论怎么改变，都是为了提高商业效率而发生的。而买卖双方对于传统意义上的发盘、还盘、确认及接受，最终演化为询盘，都是一个逻辑。跨境电商平台的出现，是将原有的物理逻辑转变为数字逻辑的过程，外贸从业人员应该围绕着这一系列的变化做出自己的调整。

1.4

怎样从买家的询盘预判其需求

近些年，笔者反复听到几个问题，就是如何跟进询盘？如何让客户回复我？为什么买家不回复我的邮件？笔者不禁提出一个问题：卖家到底在做些什么？是在和买家交朋友吗？还是另有其他？不知道从哪一天开始，卖家追求的东西从订单变成了买家的回复。

也许有人会说，如果买家都不回复你，还谈什么订单呢？订单的可能性都没有了吧？这听上去挺有道理。如果再深层次地想想，这是一个悖论。为什么这么说呢？因为卖家在思考这个问题的时候，好像忽略了一个重点，那就是卖家的目的是与买家达成一致意见，最终签下订单，而不仅仅是为了与买家沟通。

这就要求我们深入地了解促成订单的因素是什么。在真正回答这个问题之前，我们先来看看构建订单的根本要素是什么。

 产品

首先是产品，包括产品名称、具体规格、数量、单价、总价等；

其次是与产品有关的技术认证要求等；最后是与合作有关的付款条件、贸易条款、发货时间、溢短装等。除此之外，还有间接影响合作的服务模式、售后保障等信息。此外，另一个直接影响买家是否愿意与卖家合作的因素，就是买家对于卖家的信任度。

1.4.2　信任度

一般来说，影响买家对卖家信任度的重要因素就是卖家自身的供货实力，而一说到供货实力，就有一点"玄学"了。为什么这么说呢？通常买家只有见到卖家的真实状况后才会真正地对卖家产生信任。然而，在跨境电商普及的今天，买家已经不太愿意在合作初期花太多时间去现场验证卖家的真实情况，而是通过互联网或者其他可以代表卖家真实情况的信息来确认卖家是否可信，这些因素主要是通过网站或者平台上卖家所展现的数据来完成的。但是，一部分卖家却没有真正重视这一点，要么没有把自身的信息翔实地展示在平台上，要么因为平台本身的限制，无法更直观地将这些信息完整地展示在平台上，这也是笔者推荐卖家自建网站的原因之一。因为自建的网站是不受任何约束的（非法信息除外），卖家可以更充分地把与企业或产品有关的所有信息尽情地展示在网站上。

买家通过互联网上发掘的产品信息认识卖家，然后对产品有所了解，继而了解卖家的企业状况、生产状况、经营状况等，最终进入考虑是否可以和卖家合作的这个步骤，这是一个逻辑，也是必经的程序，那么，最后一步就是在买家的内心构建起一座信任的桥梁。当这座桥梁搭建完成之后，买家才有可能做出决定与卖家就产品或服务达成合作，而阻碍买家做出这个决定的核心因素就是信任度。如果卖家无法在给予买家的各项信息中推进买家搭建这座信任的桥梁，那么结果就很难预料了。当买家利用电子邮件或者任何一种能与卖家建立沟通渠道的方式或者方法时，卖家对这种方式或方法的回应，都将影响买家的决定。

卖家在回复任何一个询盘时，实际上并非针对那些已经或者应该对买家详细展示的信息进行的回应，而是针对那些不能直接通过可视化信息展示给买家的因素进行回应。我们从上面的分析中已经得知，买家是因为对卖家的产品和企业有了基本的了解之后才开始尝试建立沟通的渠道，也就是说，当我们回头看这一过程时，就会发现，影响买家合作与否的因素如服务态度、服务的行为等，都是最终构建信任的必要条件，所以，我们的回应，事实上已经从内容或者信息的回答，转变成为一种服务姿态的表达。

1.4.3 影响信任度的几个因素

一般来说，有相当部分买家对于卖家的回复效率是有一定的考量的，这在相当多的跨境电商平台针对买家信息的回复时间的规定上就可以发现。既然谈到回复的效率，笔者顺便谈谈针对买家发送了一个询盘之后，到底需要多长时间才能签订单。从上文的分析，我们已经知道影响买家做出最终决定的因素除产品之外就是建立信任机制，也就是为什么买家会信任卖家。在 B2B 的业务模式中，买家关心的不仅仅是产品，还有生产产品的供应商本身的实力。跨境电商平台上除了可以将产品展示给买家之外，还可以通过对企业数据的展示来提高买家对卖家的信任度。注意，笔者这里说的仅仅是一些与提高卖家信任度有关的数据，比如，企业规模、企业的认证（包括企业针对产品所做的认证）、企业的组织架构、企业的生产线、物流控制和售后保障机制等。尤其针对一部分有技术要求的产品，R&D（Research & Development）的投入更是直接影响买家的信任度。

而买家对于卖家信任度的改变可以说是瞬发的，也就是说，每个买家关注的细节都会因为买家自身要求的不同而不同。作为卖家，是无法事先预判哪个细节会对买家产生关键性的影响。这就意味着卖家要把能促成合作的所有细节都一一展现，而且需要有逻辑的展现才能触动买家的神经。试想一下，当某个细节触动了买家，买家就会在那一刻对于卖家的能力产生认可，对卖家的信任也就即时产生。无论是哪一个平台，都在不断探索、分析哪些细节会影响买家的判断，也不断地调整着展示的方法和形态，这一点从跨境电商平台对于数据具象化展示的规则变化中就可窥见一斑。通常情况下，买家需要多长时间来确认这些细节呢？事实上，买家只需要几分钟的时间就能完成这些判断。而询盘回复本身，就变成了买家对于这些自有判断的确认过程。因此，卖家的任何一个回复都会直接或间接地影响买家。

卖家行为将影响买家的判断

当卖家与买家建立直接联络时,买家就会对卖家的种种行为做出自己的判断,而从这些判断中,又潜移默化地改变着买家对于卖家的看法,这就是有的外贸从业人员可以很快地进入商业的主题,而有些外贸从业人员却需要很长时间才能进入状态的原因之一。既然买家对于卖家信任度的改变是瞬发的,那么,如果外贸从业人员从一开始就把注意力放在成单上,而不是放在与买家简单地建立联系上的话,势必就会让买家在第一时间进入状态。上文中已经提到过,买家对于卖家的基本状况是有了大致的了解之后才决定与卖家建立沟通和联系的,这就意味着,买家向卖家发送询盘时,差的就是"临门一脚"。在笔者看来,任何不以成交和签单为目的的回复,都是浪费时间。B2B买家和B2C或者C2C卖家最大的不同就在于,B2B买家除产品之外,还关注卖家本身的实力。上文中已经提到过,就是建立信任的基础:供货实力,或者我们也可以把它叫作供货能力。而供货能力中又包含服务能力、服务效率、理解能力等。服务能力比较好理解,因为那是硬实力,比如有多少生产线,有多少工人,月产量、年产量多少,是否有售后服务点等。服务效率的表现,具体就在于卖家针对买家的询问,需要多长时间给出有参考意义的答案以及提供整体解决方案的能力。至于理解能力,请外贸从业人员不要误解,这里提到的理解能力并非语言的理解能力,而是对于买家需求、产品及合作前景的理解能力。这一部分，笔者会在接下来的章节中进行更为细致的讨论，这里不再赘述。

外贸从业人员是否想过这样一个问题，如果让您签一份100万美元的订单，您需要多长时间？

笔者在很多场合问过这个问题，很多朋友给出他们各自的解答，但是，绝大多数人在回答这个问题的时候，都立即把思维转变到自己的产品、市场，以及自己的产品与其他产品的区别。换言之，就是如何说服客户接受自己的产品。事实上，要签订一份订单，若只需要确认产品及产品的规格、产品数量、产品单价、产品总价、付款方式、贸易条款、交货时间，以及其他一些与贸易直接相关的内容，那可能不会超过5分钟。当然，一些有复杂的技术细节的订单除外，那需要更多的时间做出谨慎的确认。所以，在这5分钟内，外贸从业人员确认的其实就是合同中相关的条款和细节。现在，我们换个角度，如果在针对询盘的每一个回复中，都是基于对这些细节的确认，那是不是就简单多了呢？

要做到这一点，并不容易，因为这是建立在强大的自信和对于商业本身有较强的控场能力的前提之下的，然而，这个章节的主题，不就是为了说明如何去学习左右整个"战局"吗？只有围绕订单展开的回复，才是有价值的询盘回复，否则就是无效的回复。理解了这一点，外贸从业人员就应该明白为什么笔者会说我们的目标是订单，而不是回复询盘而已。

1.5

为什么买家要发送询盘，发送询盘的依据是什么

询盘可以被认为是一个商业合作最初建立联系的最重要的过程之一。因此，一直以来，无论是通过线上的渠道，还是线下的渠道，每一个希望能产生贸易行为的供应商，都希望获得足够多的询盘。根据大数据的分析，从询盘转化为订单是存在一个比率的，除非供应商生产的产品特殊，没有可替代性，那么，对绝大多数产品而言，这个转化的比率大致是相同的。当然，线上渠道和线下渠道，这个比率是不同的，笔者在这里不针对这个问题进行详细讨论。因为它与行业、市场、产品的定位、供应商的企业战略有关，一旦涉及其中的话，需要较大篇幅。既然线上渠道和线下渠道转化的比率大致相同或者相似，那也就意味着，在同等比率下，如果供应商在一定周期内，收到的询盘量越大，获得的订单数就会越多。但是，为什么会有这样的一个比率呢？今天，笔者就来讨论一下这个问题，同时，笔者站在买家的角度去看看，为什么买家会发送询盘，卖家又怎样在第一时间获得买家的青睐，从而获取更多的询盘，转化出更多有价值的订单。

买家为什么要发送询盘？买家是通过产品来认识卖家的，这点

众所周知。买家在对产品和生产产品的供应商有了初步的了解之后，希望从供应商那里获取一些他们从文字或其他渠道了解不到的信息时，比如笔者在上文提到过的供应商的服务能力、服务效率、理解能力等，从而买家会通过线上或者线下的方式，用文字或者电话、电子邮件的方式主动地向供应商发出要约，等待供应商的答复，并从不同供应商的答复中，去感受供应商之间的不同，再与他们所看到的信息进行有机结合，从而得出自己的结论。那买家发送询盘的依据又是什么呢？一般来讲，买家不会盲目地发送询盘给随机的供应商。因为这样做的时间成本太高，会导致买家浪费大量的时间来筛选他们真正需要的信息，所以，买家会基于自己的角色，以及在业务中所处的状态来决定给哪一家或者哪几家供应商发送询盘要约。

1.5.1 买家想要了解产品的基本情况

很多时候，买家并不是很清楚他要买的产品是什么，但是他们从某些渠道得知一些基本的产品信息后，希望能从相关的供应商那里去证实这些信息，以便他们做出决策。比如，产品的细节、技术参数、优劣势、价格，以及产品可能给他们带来的潜在利益点和利润率等。这些买家因为不熟悉产品，在发送询盘时会显现出一些基本的特征。比如，他们在询盘中很少提及具体的产品特征和参数，也不会在询盘中特别注明要采购的产品数量等，相反，他们大多会在询盘中询问供应商上述的一些信息。比如最小订单是多少，基于这个最小订单的价格是多少，基于最小订单的产品需要多长的交货期等。而就供应商而言，在收到这一类询盘的时候，就应该知道，这类买家往往不懂产品或者行业，我们不能把他们都当成专业客户去看待，提供一系列复杂又专业的信息。这样做，虽然可以将专业的态度表现出来，但是，对于客户而言并非如此。因为他们不太懂你说的是什么，而其中一部分客户又不好意思询问你。结果就是，非但不会让买家感受到你的专业，相反地，会让这一类买家产生一种畏惧感，最终放弃潜在的合作。因此，如果卖家发现买家在询盘中表现出的是一种不太专业的状态，是可以理解的。也许他们就是这一类买家，他们只是希望了解一些产品的特性，然后进入这个市场。

 买家希望降低采购风险

精明的商人，从来不会把全部鸡蛋放到一个篮子里，因为这样不可控的风险会比较大。无论是买家还是卖家都是如此。那么，就有一种买家，他们现在已经有了成熟的供应商，但是在他们看来，只有一家或者两家固定的供应商，并不足以保证他们对于终端市场的把控能力。他们会通过各种渠道储备一些可以代替的供应商，换句话说，他们找的就是"备胎"。这类买家由于已经有了相对固定的供应商，对于产品的认知是相当高的，同时对于供应商所在地的价格情况、交货期等都有深入的了解。那么，在卖家看来，这类买家发送过来的询盘会体现出一种非常专业的态度。然而，"备胎"就是"备胎"，无论买家体现得如何专业，卖家怎么喜欢这个买家，都不会直接影响买家目前的采购状况，除非新供应商的产品或者服务比现有供应商有巨大优势。记住，这里笔者提到了"巨大优势"这个词。一般来说，一旦买家与某个或者某几个供应商建立了相对稳定的合作关系，轻易是不会更换的。因为更换一个供应商，所花费的时间成本和供货风险都是非常大的，所以除非有相对比较明显的优势，比如产品设计、产品技术或者直接影响业务的利益优势，否则他们不会轻易为了一个新的供应商去"得罪"现有的供应商。针对这类买家，他们的询盘，更多的是为了将新的供应商列入他们的供应商后备名录中，但是该谈的内容，一项都不会少。这就很容易让收到询盘的供应商误以为这是一个马上会下单的买家。要知道，这类买家与第一种买家最大的不同，并非只有专业性这一项，还有他们的目的性很强，他们在工作流程中都有相对明确的规划，因此，卖家也很难推进自己的工作进展。相反地，针对这类买家，卖家更倾向于保持一贯的态度，把最真实、最有效率的那一面留给买家。因为买家的决定，无论如何是卖家无法左右的。

通常，卖家设计出了一些新的产品，针对某些市场开发出了新的技术等时，会把这些新产品、新技术放到平台上或者自认为能带来商业机会的任何地方。这时，由于卖家的展示，引来了大量的询盘，这本来是一件好事，但是卖家在这些询盘中，发现的不仅仅是普通的买家。这时，笔者谈谈第三种买家可能发送询盘的依据。

买家希望寻找潜力卖家

有些买家已经在特定的领域摸爬滚打很多年，无论是市场占有率还是产品的成熟度，都有了相当的把握。众所周知，无论是哪一个供应商，对于新产品的市场策略都应该有相当周全的规划。我们知道，任何一个产品在市场中都会存在一个生命周期。也就是说，当一款产品被推向市场之后，它一般会经历一个被认知→被认可→被优化→成熟→被替代的过程，而卖家通常要做的就是将被市场认知和认可的过程加快，尽可能地拉长优化和成熟的周期。因为开发产品的成本是非常高的，包括资金成本和时间成本。那么，卖家期望的就是让产品在市场中存活的时间越长越好。对于拥有成熟市场的买家而言，他们同样也会这样考虑。所谓市场占有率，并非靠产品堆出来的，而是在一定的时间内，通过不断对现有产品进行优化和迭代后将其他产品挤出市场的过程中而获得的，因此，即使卖家的产品有相当程度的市场占有率，卖家也希望找到一些能替代的新产品，随时准备当有竞争者进入市场的时候，能快速做出反应，并保有市场占有率。同理，没有市场占有率的买家也会挖空心思地找寻一些与现有产品有相似点，但是又有更新的产品来替代原有的产品。那么，无论是谁，他们一旦联系供应商，想要的一定是建立在现有产品基础上的新产品。他们往往表现出对现有产品的专业性和市场发展的前瞻性，总会在询盘中若有若无地提到一些他们希望获得的东西。这和笔者上面提到的第二类买家是不一样的。如果说精明的商人是为了控制风险而找寻替代方案的话，那么，现在笔者所讨论的这一类买家就是以替代自己的产品，或者替代别人的产品从而稳定自己的市场利益或者"抢夺"别人的市场利益为出发点而发送的询盘。

事实上，笔者只列举了几种最常见的询盘发送依据。由于买家角色的不同，还会出现多种变化和不同的诉求，笔者在这里就不一一列举了，相信外贸从业人员能明白一点。就是我们在讨论为什么买家要发送询盘时，根本的核心问题其实是在讨论如何为买家"画像"。不同的买家，他们对于供应商的诉求是不一样的，不能一概而论，也不能程式化或者模板化，我们还需要有针对性地做出前期规划、中期联络、后期维护。不知道买家为什么发送询盘，卖家就不懂得如何回应买家。

1.6

如何通过归整询盘时间线发现买家采购规律

笔者在上文中已经提到，卖家需要对买家"画像"，也分析了不同买家对于不同供应商的诉求。遗憾的是，即使卖家知道了买家有不同的诉求，买家也不会轻易地告诉卖家他们真实的意图是什么。

无论哪一个买家，他们在一开始的时候，都会"伪装"自己，让自己看上去真实可靠，甚至会根据所在的行业和面对的供应商，把自己"伪装"成一个会很快下单的买家。因为他们明白，如果不这样，他们很可能摸不到真正想要的信息。假如他们没有得到真实有效的信息，那就意味着他们不能利用这些信息对自己要做的业务做出最有效的规划，那就是浪费时间。然而，有意思的是，无论是谁，无论他用何种手段去"伪装"自己，每一个人其实都是被自己的意识所左右的。也就是说，他的思想将决定他的行为。这就决定了无论买家抱着怎样的想法询盘，都会在他所表达的信息中露出"蛛丝马迹"。这些非常细节的信息，需要卖家做出分析，然后有针对性地对买家的需求进行合理的判断。这样做的好处是，不但可以对买家"画像"，还可以针对买家的诉求做出最合理的行为和动作。

一般来说，买家在给卖家发送任何形式的消息时，无论是通过电话，还是通过 IM（Instance Message）等，都会从一开始就透露出他们真实的意图。笔者在本节中，会就买家不同的行为，对买家的需求进行分析，以便帮助卖家在实际工作中去更好地分析买家，从而提高工作效率。

虽然不同的供应商针对自己的产品定位不同，价格也会不一样，但是，除一些相对知名的品牌或者已经形成了市场口碑的品牌之外，在市场中的产品价位档次均在平均值左右，一般不会超过或者低于平均值过多（特殊的市场运营情况除外），所以，针对买家一定会询问的价位档次这个问题，卖家就可以对买家的需求进行预判。如果买家在询盘中提到他们的目标价格高于平均值很多，卖家可以这样去思考，在他们原有的采购渠道中，他们所能接受的价格会高出市场平均值不少。买家一般不会主动公开他们自己现有的采购价，如果他们公开了，那就意味着他们希望寻找供应商的源头。当然，他们给出了这个目标价格，并不代表他们最终就会以这个价格成交。作为买家，只需要调整一些他们对产品的具体需求，就可能对产品的价格产生很大影响。他们之所以会透露出目标价格，是因为他们希望价格的参考性是建立在一定的规划之下。完全不受控的价格谈判是没有参考意义的。如果买家给出的价格信息是低于市场平均价格，则有两种情况。第一种情况是价格信息远低于实际的市场平均价格，那么这个买家很有可能只是试探供应商的底线，并不是真想与供应商合作。第二种情况是买家给出的目标价格信息非常接近市场平均价格。这意味着买家有可能与供应商合作，只是希望供应商能针对目标价格给出更好的优惠，这样，可以增加他们在业务中的收益。笔者从另一个角度来看，如果买家并没有给出目标价格，这种情况在实际交易中占到70%以上，那么，卖家报价后买家的反应就会成为卖家重要的参考依据。

说到这里，会有朋友产生疑问，你讲的是询盘，不是询盘的回复吧。如果你这么想的话，笔者建议你参考另一节中提到过的内容，就是我们是如何看待询盘的，你就会明白，询盘很有可能不只一个。也就是说，在询盘这个回合，买卖双方是可以通过多轮的信息交流和互换来最终形成的。回到主题，当买家对于供应商的报价表示太高，其实绝大多数情况买家都会认为价格高。因为这是他们保证自己利益的重要因素之一，因此，单从这个特征很难去判定买家的需求。如果买家对于报价不置可否，那就值得卖家去深思了。在某些情况下，买家不会对供应商的报价做出回应。其实这时的买家可能是对于价格的敏感度并不太高或者这个价格与他们现有的采购价位很接近，并非有些供应商认为的，买家可能会觉得价格不太合适。这给卖家一个提示，就是买家处于对供应商比较的阶段，价格这个因素还不至于完全左右买家的决定。这同时也告诉卖家，买家需要更多的时间来分析对比其他的可能收到的报价从而做出合理的判断。

卖家是如何做出合理判断的呢？影响他们判断的因素又有哪些呢？答案有很多。那卖家如何从这么多的影响因素中分离出可以做出判断的因素呢？那就是依据订单的要素。

 采购数量会影响订单的签订

影响一个订单签订的因素，除价格之外，就是采购数量。要知道，任何订单都顶不住量大，再便宜的产品，如果量很大的话，最终涉及的总金额都会让买家犹豫。如果买家对于价格异常敏感的话，这里笔者说到的异常敏感，并非指买家常规的还价，而是对于价格细微的调节都会像是被针刺了一样，反应剧烈。这种情况下，卖家就可以预判出买家可能的采购数量会相对比较大。千万不要相信那种所谓的诱惑性的话语，所有买家都很清楚，不这么说的话，就拿不到最低的价格，因此几乎所有买家都会这一套。虽然他们知道这样说也不一定有用，但还是乐此不疲地用这一招来"忽悠"供应商，总会有人相信这一点，因为卖家不知道他们说的是真的还是假的，在内心里，总希望他们说的是真的。正是利用了这一心理，很多供应商都会在第一时间就把自己毫无余地的价格报给潜在的买家。而买家并不相信供应商已经到了底线，这就意味着当买家再次还价的时候，供应商的处境很尴尬。供应商也会基于这一点向买家确认他们的采购数量，只有确认的采购数量才能影响供应商对于报价的决定。当买家准确地告诉了供应商他们的采购数量，而不是只告诉供应商他们有一个大订单的时候，供应商就可以根据买家的采购数量来确定买家是否对于这个订单有真实采购的意愿。然而，买家即使告诉了供应商具体的数量，但是，仍然有可能在最后一刻更改他们的采购数量。更改数量的原因很多，笔者这里不做深入探讨。笔者更想把针对这个问题的探讨放到后面的章节里去讨论，这里只针对买家提供采购数量的行为来进行简单的分析。

为什么买家会告诉供应商他们的大致采购数量呢？一方面，一些相对比较真诚的买家不希望在这个问题上浪费太多时间，所以，他们单刀直入，希望供应商能基于这个采购数量给出可供洽谈的价格；另一方面，一些不是很真诚的买家提供采购数量的原因，仅仅是应付供应商可能提出的问题，避免供应商在这个问题上纠缠太多，因此他们先给一个参考，以便后期得到更多的价格信息。但无论是哪种情况，买家给出的采购数量都会基于一个可采购的数量来洽谈的。换言之，就是这些采购数量代表了买家是否真实在这个领域工作，否则，他们给出的采购数量就是不太合乎逻辑的。这种情况一眼就会被供应商看穿，供应商也不必过于纠结该给买家什么样的报价才合适这个问题。

 1.6.2 买家自身的采购计划影响订单的签订

买家在什么时候向供应商下单？这个问题其实会受到多个条件的限制。简单来讲，如果买家就是最终客户的话，那么他们下单的时间取决于他们对产品的安排；如果是消费类的产品，那就取决于市场的供应情况；如果是工业品半成品，那就取决于买家的生产排期和库存情况。在这期间，还有可能因为政策或者节假日，甚至物流、天气等的影响，导致买家调整预先规划。如果买家有相对比较明确的采购规划，则代表买家下单的时间计划是非常明确的；如果买家避而不谈这个问题，并不代表买家不想下单，只是还没有做出合理的采购规划罢了。当然，这也不是自欺欺人，而是基于商业逻辑的合理判断，也不排除这种基于逻辑的判断出现失误的情况。正如笔者多次说过，商业永远是多变的，牵一发而动全身。那么，卖家如何推动这个周期更快地完成，抑或者推动买家尽早做出规划从而下单呢？当然是有方法的，如果我们用直观的方法来说的话，就是解决买家采购可能存在的所有困惑，建立信任。但这明显不是几句话就能讲明白的，保持耐心，慢慢深入。

1.6.3　买家自身的特殊情况影响订单的签订

还有一种比较特殊的情况，就是买家一上来就直接交底，然后给出目标价格，直接询问供应商是否可以做到。这种情况下，供应商要做的，并不是像笔者前面说的那样抽丝剥茧似地去分析和判断，只需要衡量自己的业务风险，直接给出"Yes"或者"No"就行了。因为这类买家一般是遇到了麻烦或者处于非常紧急的情况，所以卖家今天解决了他们的问题，他们在第一时间就会给卖家最好的回报，道理就这么简单。过多的怀疑，并不会给卖家的业务带来更好的保障，相反，有可能错失一个天大的机缘。

本节里，笔者分别从买家针对采购产品的价位、采购数量、采购时间规划和采购的急切性进行了分析，也尽可能地把各种因素串连起来为外贸从业人员梳理一个脉络，期望能给外贸从业人员一些有益的帮助。

1.7

如何准备完善的报价资料和报价方案

卖家要记住，一份报价单做得是否美观并不会影响买家采购你的产品。但是，一份设计、制作精美的报价单，确实可以提高买家对卖家的印象。对卖家而言，做业务的目的是让买家接受我们的企业，接受我们的服务，继而接受我们的产品，最终与我们建立起一种健康、持久、稳定的商业合作关系。虽然不同的人，因为接触的东西和生活环境的不同，具有不同的审美观和对设计理念的领悟也不尽相同，但有一点是一致的，就是完成的销售动作。因此，一份好的报价单不应该建立在是否好看的基础上，而应建立在是否对业务有所帮助的前提之下。我们对于超市的报价单都非常熟悉，在任何一份超市的报价单里，都会包含以下几个特征。

- 简单明了；
- 产品图片精美；
- 产品信息简明扼要；
- 价格清晰可见；
- 有明确的重点；
- 带有强烈煽动性；
- 有清楚的有效期界定。

众所周知，超市主要是零售性质的，所以，其对于快速成交的诉求是非常强烈的。他们想要的，不仅仅是将信息传达出去，而是希望将买家"引诱"进来。相比作为 B2B 的贸易型的企业有更强的目的性，这个目的性导致的结果，就是每一份超市的报价单，都能抓住潜在顾客的眼球，并"激励"潜在顾客做出后续的行为。B2B贸易型企业与零售企业会有很大的不同，但是相同点就是 B2B 贸易型企业同样需要刺激买家做出后续的动作，同样希望给出的信息能给予买家非常清晰的指导性意见。这些都确保 B2B 贸易型企业花费在报价上的每一分钟是有价值的。

从上述对超市报价单的分析，笔者发现，其实报价并不是单纯的一种价格信息的传递，而是一种心理暗示和引导。让我们再回过头来讨论这个主题，怎样准备完善的报价资料/方案。其实，世界上并不存在绝对完美的东西，例如，维纳斯女神不也是因为缺少胳膊才看上去这么完美吗？有无数的人想给女神做出一个完美补全计划，但都以失败告终。也许只有存在缺陷的美才是真正的"完美"吧，而这种"缺陷"又恰恰是众人所追求的目标。

 1.7.1　让买家知道我们是谁

对于卖家而言，无论想要怎样报价给买家，都需要让买家知道我们是谁。如果买家对于我们的产品有兴趣抑或他们有与我们建立联系的想法，他们必定需要很方便地找到我们。因此，在报价资料里面，对于卖家的基本信息介绍是必不可少的，然而，这么说并不意味着卖家需要在报价资料里大篇幅地渲染自己。比如自己是谁，自己在哪里，自己在这个行业有什么优势等。如果真的把这些信息都放到报价资料里，就有点喧宾夺主了。也许外贸从业人员这时会产生疑问，报价单不是很简单吗？怎么可能放入这么多东西呢？其实不然，在不同的行业，报价资料是不一样的。也许大多数产品只需要一页或者几页 A4 大小的纸张就可以解决报价资料的问题，但是，也有不少行业，因为产品和行业的特殊性，报价资料会有十几页甚至几十页。在报价资料里，因为涉及的内容太多，也许在不经意间，就把重要或不重要的信息都放到里面去了。

在笔者看来，一份报价资料里面，卖家的基本信息仅需要包括你是谁，你的联系方式是什么，联系人是谁，负责人是谁，最好的联系时间是何时即可。因为它的目的仅仅是方便买家找到卖家而已。

 ### 清楚标注买家的基本信息

买家的基本信息也是需要放到报价资料里面去的，为什么呢？卖家也许认为，买家向我们要的，我们发给了他，不是很直接吗？为什么还要放买家的信息呢？这不是多此一举吗？其实不是这样的。因为在商业中，一份报价单对应一个买家，这是必需的，所以卖家需在报价资料中清楚标注买家的基本信息，既是提醒自己，也是准确地告知买家，这份报价资料是专门为您准备的。在商业中，这是一种商业暗示，可以明确报价的对象。

 ### 将产品描述得越清楚越好

报价资料的重点是与价格相关的产品资料。为了避免报价中出现错误，要求最高的，其实是对产品的详细描述。笔者认为，在报价资料中，对于产品的描述越详细，对未来的合作就越有利。无论是在价格谈判阶段，还是在后期实际产生合作阶段。因为详细的产品描述，可以有效地降低因产品规格和细节描述不清所带来的针对产品价格不确定性所引起的纠纷。但是需要注意的是，在针对产品的描述中，产品的名称一定是双方都确认的名称，而不是某一方单方面认可的名称。要知道，在不同的国家，存在针对某一产品有不同叫法的情况。为了避免这种情况的发生，最好的方法就是事先与买家沟通清楚产品本身，或者在报价资料中特别注意产品的适用范围，或者描述出产品的具体特性，以便更清晰、明确地对产品进行定位。当然，解决这个问题的更好方法就是在报价资料里面附上产品的照片，便于买家对照。

如果说，产品名称的精确性会影响后续的合作，那么与产品名称相对应的就是产品的详细信息。在过往的经历中，多次发生因为产品的详细信息描述不够精准而带来贸易上的风险。产品详细信息包含哪些呢？

· 产品的材质；

· 产品的生产工艺；

· 产品遵循的标准；

· 产品的技术细节；

· 产品的设计相关等。

以上都是与产品详细信息相关的。其他的细节，笔者在这里不赘述，但是，笔者特别强调的是"行业惯例"。行业惯例通常指的是在某个行业中真实存在的，但是在相关标准中没有提及的一些产品生产或者运输中可能存在的情况，比如色差、尺寸的公差等。虽然卖家在详细描述产品的时候都会提到相关的标准，但是，在标准之外，还会存在一些可变性，为了避免后续出现问题，卖家会在报价的时候，尽可能地把这些可能存在理解差异的"行业惯例"都列入细节里。其实完全不用担心言多必失，因为，今天不讲明白，明天出问题就讲不清楚了。同时也不要自以为是，认为买家并不知道这些。卖家要相信，在商业中，买家不是时时刻刻都那么好说话的。一旦涉及商业利益，买家一定会站在自己的一方，尽可能把损失和责任转移到卖家一方。中国有句老话：丑话说在前头，说的就是这个道理吧。

 1.7.4 准确的交货时间可以有效避免违约的产生

在现实贸易中，大约60%的买家的不满都来自卖家的延迟交货。买家对于交货时间准确性的重视程度不亚于对产品价格和产品质量的重视程度。如果货物不能按时到达指定的港口，造成的不只是收益上的损失，还有买家的信誉丧失，以及市场口碑的损毁，更有甚者会直接导致买家市场份额或者自身业务的全面失败。一旦买家遭遇这种风险，他们对于卖家的信心将坠入低谷。不要说后续的业务了，现有的业务能否顺利进行下去都让人产生怀疑。这里，笔者要讨论的不是如何处理延期交货，而是卖家如何避免延迟交货。防患于未然，这是古训，也是卖家解决这个问题的更好办法。也就是在风险发生前就阻止它，而不是在风险发生的时候再急急忙忙地想办法去处理。正因为如此，卖家在为买家提供报价资料的时候，就需要详细地约定交货时间。

影响买卖双方交货时间的主要因素包括产品的复杂程度、排产情况、验收时间、验收方法、出货计划、生产标准，以及合同执行中的买家付款计划等。由此来看，卖家针对交货时间的约定，不单单是约定交货日期这么简单，而是与其他的报价细节相关的。所以，卖家的交货时间不能单纯地建立在自我的预判上，而是要结合其他因素来考虑才会相对妥当，换一个视角来看，也是反向在影响着其他因素。

 1.7.5　考虑不同维度的"阶梯式"报价

笔者一开始就说到，报价单的目的不是简单地传递信息，而是要"左右"买家的思维。而一份好的报价资料，则要从方方面面去影响和引导买家的采购需求。因此，卖家在设计和制作报价资料的时候，要充分考虑到买家所在国家或地区的采购习惯。在报价资料中将买家在采购中有所顾忌的地方用卖家比较特色的方法给出解释和说明。比如，如果买家所在国对于某些产品的采购数量一般是小量多单的，卖家提供报价资料的时候就不能忽略小量中的小是多少，同时在中量和大量上给出买家足够的"诱惑"，让买家看到提高采购数量能给他们带来的额外利益。这就是所谓的"阶梯式"报价。

　　最后，我们来看看产品的具体分类，没有人喜欢杂乱无章的产品排列。如果卖家一次性需要给买家比较多的产品报价，笔者的建议是卖家最好按照最合理的分类把产品分开。众所周知，在跨境电商平台上都会有 category，用来帮助买家简单地找到他们需要的产品，卖家在给买家报价资料的时候是不是也可以把产品分好类呢？卖家要记住，能给买家带来方便的均尽可能地做到。因为买家在决定向卖家采购前，他们唯一能够感知的，就是卖家会向他们提供的服务和卖家的细致。

1.8

怎么看待询盘、还盘以及跟进询盘

　　外贸从业人员每天都会和不同类型的买家打交道，正是由于买家的不同，他们的采购意向和采购需求也有所不同。有针对性地处理不同买家的不同需求，才有可能更好地满足买家的不同期望，这就对外贸从业人员对于询盘的分类能力提出了要求。同时，因为跨境电商平台的产生，使越来越多的买家纷沓而来。如果说传统贸易时代，由于多方面原因，卖家生产技术能力的限制，导致卖家能够针对的目标市场有所不同的话，那么，在技术和革新高速发展的今天，许多卖家已经具备一定的实力来满足不同市场和不同期望买家的不同需求。正因为如此，外贸从业人员需要掌握针对买家不同需求的判断能力。这正是笔者在本节里想要讲到的话题，根据询盘中的买家信息对询盘进行合理分类。

对询盘进行分类，外贸从业人员必须知道询盘背后的人。事实上，做询盘分类，就是在做询盘的买家管理。

要做好买家的管理，首先要对买家进行分类。用什么样的角度去看待不同买家的询盘，找到询盘中可供分类的关键点，是外贸从业人员对询盘进行分类的核心。那么，如何对询盘进行分类呢？一般来说，笔者把买家的询盘分为以下几种类型：

· 立即采购型；
· 推进采购型；
· 暂时无采购型。

 立即采购型买家

对于立即采购型买家，卖家在询盘中可以发现一些线索。"相由心生"这个成语的含义，在笔者看来，就是说每个人的行为是根据他们的心理来决定的。如果一个买家希望很快地完成采购动作的话，那么，他发给卖家的询盘中会产生一些迹象。比如，当买家在询盘中说"We have an urgent purchase plan"，这就代表买家在潜意识中，希望能快速完成采购前的信息收集动作，以期对采购动作有所参考。然而，并非所有买家都会这么直接地告诉卖家，他们想要很快地采购。那么，卖家就可以从买家的行为中去分析。

在询盘中，如何分辨买家的行为呢？假如买家在第一次询盘发送给卖家之后，在很短的时间里，再次发送询盘给卖家，问问价格表是否准备妥当；或者再次发送询盘给卖家，补充他第一次询盘中没有提及的产品具体要求或者补充一些关于他们的信息，则代表买家希望缩短卖家对他们判断和分析的时间，降低由于卖家这些行为所带来的时间成本。还有一些买家会在发送询盘之后，尤其是卖家在回复了买家的询盘并给出一些有价值的咨询之后，对于某些信息直接做出协商处理。比如，要求调整价格、调整发货期或者对产品规格进行再次询问等，这些动作都有可能代表买家希望快速成交的欲望。也许，有的外贸从业人员会说，这样讲太过于想当然了吧。笔者不会反驳，但也不完全赞同。因为，在国际贸易中，绝大多数合作成功与否的关键是建立在相互之间成交意愿的基础之上的。也就是说，如果买卖双方对于对方的行为，存在不信任的状态，那么，成交的概率就会大大下降；如果从一开始，相互之间的成交意愿很强的话，那么，成交的可能性也会相应提高。这是真实存在的心理现象。任何一方都会因为对方的态度而对自己的行为产生影响或者改变。因此，卖家从买家的行为，推测买家的心理，是可行的。在这种情况下，卖家就可以推断这类买家为"立即采购型"。

这类买家，最终成交的时间，会因为行业的不同而有所不同，但一般来说，达成合作的时间不会超过一周。当然，达成合作还取决于很多因素，因为我们知道，影响合作的不仅仅是意愿。

1.8.2 推进采购型买家

推进采购型买家的特征是他们有合作的意向，但他们在某个或者某几个关键因素上还是有顾虑的。针对这类买家，卖家需要做的是尽可能快地把买家的顾虑找出来，并且提供能打消顾虑的方案。只有这样，买家才会放心地与卖家建立最终的合作关系。

反映到询盘上，买家会有什么样的表现呢？如果买家在询盘中，对于某一个点特别强调的话，可以肯定的是，这就是买家的顾虑所在。比如，买家说"The price is the most important thing for the purchase"，或者买家说"Please be careful, we need the product be shipped on time"，这些是最常见的买家对某些关键点有顾虑的因素。为什么笔者把这些因素当成影响因素，而不是谈判因素呢？原因是，在实际工作中，卖家很容易把这些关键点当成是买家在与卖家谈条件，而不是买家的顾虑。其实很多时候，买家并非真的对价格特别敏感，而是曾经因为某种原因，在这些关键点上吃过亏，所以他们对这些关键点产生了顾虑，希望现在的卖家能够提供一个方案解除这些顾虑。可以说，买家手里就有现成的订单，什么时候下，取决于卖家能否打消他们的顾虑。如果卖家从这个角度去考虑问题的话，那么在回应买家询盘的时候，就会站在 solution provider 的角度，而不是站在 starter 的角度去看待它们。

1.8.3 暂时无采购型买家

暂时无采购型买家的表现往往是问一大堆问题，从卖家的生产工艺、交货时间、质量标准、企业状况，到过往的买家经验等，就像查户口一样。他们在向卖家发询盘的时候，往往不太愿意透露较多关于他们自身的信息。当卖家问到关于他们自身问题的时候，他们通常会找各种方式进行回避。比如，卖家问他们的目标市场在哪里，买家会提出另一个与产品直接相关的问题来反问卖家，或者告诉卖家"We have a lot of buyers in the area, so we are looking for the suitable products for our customers"。总之，就是买家可能表现得非常专业，对于产品及所在的行业非常了解。就像笔者在另一个章节里说到的那样，买家仅仅是希望寻找一个可供替代的供应商，而非现在就想下单给卖家。在这类买家看来，同时多联系几个卖家，是他们现阶段获得有参考价值信息的简单途径。如果买家在给卖家的询盘中有意或无意地提到自己同时与多个卖家在沟通采购细节时，卖家就应该知道，自己遇到的是暂时无采购型买家。在此，笔者并非想要以偏概全，只是阐述大多数情况。

既然卖家已经知道了从询盘的行为中去区分买家的类型，接下来，笔者再来聊聊对买家询盘的分类。

1.8.4 用表格同步分类买家与询盘

基于买家的分类，笔者可以简单地把询盘与买家同步起来，对询盘进行分类，从而得出卖家面对不同询盘的处理机制，或精准成交，或有效推进，或长期跟进。不同的处理机制下，卖家采取的策略是不一样的。一般来说，一个企业会对不同的买家类型配置不同的人员进行跟踪。那么，卖家分类询盘的过程，就需要通过工具、管理软件或者一些有效的表格来进行。原理其实很简单，但是，在客户管理中，最重要的是抓住要关注的核心点。笔者以表 1-1 和表 1-2 来说明。

表 1-1 客户分类表

客户名称					
客户来源	电商平台	企业官网	其他渠道		
客户地区	欧洲	北美	南美	非洲	亚洲
客户国别					
采购商品					
首次询盘时间					
二次询盘时间					
采购关注点	价格	质量	交货期	标准	其他
客户类别	立即采购	推进采购	暂不采购		

表 1-2　客户跟进表

跟进时间	跟进内容	是否存在问题
2019 年 10 月 10 日		
2019 年 10 月 11 日		
2019 年 10 月 12 日		
2019 年 10 月 13 日		
2019 年 10 月 14 日		
2019 年 10 月 15 日		

上述表格是方便外贸从业人员管理客户而设计出来的，看似并不复杂，但核心的原理是，卖家将最需要登记的信息进行了有效的登记，而要抓的关键点，是客户跟进表。卖家真正将跟进情况与客户的类型一一对应，从每一个客户的表单就可以更为方便地形成不同类别买家的跟进机制。

1.9

外贸从业人员的目标不是询盘，而是订单

万事皆有规律可循，笔者对于这一点深信不疑。那么，在外贸询盘中，外贸从业人员是不是也可以找到一些规律，用以提高我们与买家打交道的效率呢？当然是可以的。然而，与寻找其他事物的

规律一样，我们需要事先找到一个可以追寻的线索。一旦找到线索，就可以顺藤摸瓜，从现在找到过去，甚至从对过往的分析中找到与买家合作的未来。

从国际贸易的采购行为来看，买家要完成一项采购任务，通常要对以下几个方面进行规划和思考：

- 向谁买；
- 在哪买；
- 怎么买；
- 买什么。

这些是采购中买家肯定会一一考量的因素。只有在确定了以上因素之后，买家才能对采购的数量、采购的周期和采购对象的选择做出合理的判断。这也就是为什么买家在进行某项采购任务的过程中会将核心的问题集中在一条时间线上，同时，这也是我们通过归整询盘的时间线来寻找买家规律的原因之一。在这里，笔者要提醒卖家，通过询盘的时间线来寻找买家规律，指的并不是买家的采购规律。因为在这一刻，买家还没有和卖家建立实质上的商业合作，我们分析买家的规律，无非是为了避免失去合作的可能性。因此笔者认为，卖家与买家要建立真实的合作，前提是卖家要解决买家所关注的那些核心问题，并且尽可能地找到解决方案，进而让买家放心地与卖家合作。

1.9.1 用数字化的工具归整时间线

首先，卖家要归整时间线，就必须有一套工具来完成。如果卖家像笔者一样，基本上是通过数字化的管理，那么笔者建议可以使用通过云端备份的工具，比如，印象笔记（这是笔者使用超过十年的软件，主要因为使用习惯，以及非常熟悉，所以才推荐，仅此而已），或者通过更为专业的外贸管理软件来完成。市场上外贸管理软件很多，但是，笔者选择这类软件的原则，主要是足够简单，简单到只需按照买家这个线索将所有与买家的邮件或者沟通形成时间线即可。

说到这里，也许卖家对于时间线这个概念有点模糊。事实上，笔者在印象笔记中，根据前面提到过的客户分类原则，对所有买家进行过分类，并且记录下所有与买家的对话记录，也就是将邮件的本体会记录其中。当然，在外贸管理软件中会有相关的原始内容，但是为了方便整理，笔者还是会用自己的思路做一个时间线。关于如何构建自己的时间线，笔者会在其他章节中与各位卖家进行交流。笔者从很早的一个时间线记录中，找到一个相关的例子，为了方便卖家查看，将所有的时间线里的内容做成了表格（如表1-3所示）供卖家参考。表中是卖家所记录的客户跟进表，一个巴西的潜在买家希望采购的一种设备。

表 1-3　客户跟进表

Rodrigo	询盘时间	核心内容	解决方案	回复时间	相关附件
Brazil	2012/11/07	Basic information of the roll forming machine	The specification and the quotation sheet provided	2012/11/08	Quotation...21107.xlsx 19.4 KB
	2012/11/08	The design sketch of final product required for the reference	Prepare the ready to show design and sketch as well as the possible modification charge notification.	2012/11/08	
	2012/11/09	Reference video for the machine running.	There is no such machine in stock, the machine is made by order. So, the similar machine video sent to the customer	2012/11/09	Video been uploaded to the dropbox and the link is shared.
	2012/11/12	Worry about the maintainess of the machine in case they bought it.	We don't have any service station in the objective market, the 1 year warrant service provided and some spare parts offered with the shipment.	2012/11/12	Warrant...ments.pdf 86.2 KB
	2012/11/13	Need the specification of the machine.	Composed the moste detailed specification regarding the sketch and the objective market, the necessary sketch and the electric requirements included in the document.	2012/11/13	Specific...ents.pdf 160.5 KB
	2012/11/014	How we load the machine and ship to the destination port	We designed the loading sketch and show to him. The reference freight has provided to him in the reply.	2012/11/14	google sketch file been sent
	2012/11/15	Payment method negotiation, they prefer TT	We accept the TT, but we required the full payment need to be finished before the shipment.	2012/11/15	
	2012/11/20	Asking for the discount to lower about 5%	Reject the demand, but offered him extra spare parts for emergency case occured.	2012/11/21	Proforma invoice attached
	2012/11/28	Desposit paid	Final confirm all the shipping related information, such as destinational port, paperworks requirements etc.	2012/11/28	

这期间，还有一些比较零散的交流，但是，这些交流并不会对整体的合作产生重大影响，笔者就没有在这里提及。下面，笔者具体来讲解一下。

1.9.2　从时间线中找到最佳沟通点

针对笔者上面说到的，买家一定会考量的问题是"在哪买，向谁买，怎么买，以及买什么"。他们联系了卖家，也就意味着，在买家的考量中，在中国买是一个可行的选择。基于他们已经发送询盘给卖家，那就意味着，卖家已经成为他的"在哪儿买"的对象之一。首先，卖家需要看一下，整个洽谈过程一共用了多少天。这期间一共是 21 天，除去周末的四天时间，绝大多数的南美买家在周末是不会工作的。事实上，他们从每周五的下午（巴西时间和中国北京时间有 11 个小时的时差），相当于我们的每周五开始就有可能收不到买家的消息。这也就意味着，我们能和买家建立起有效沟通的时间，一周只有三天左右。而这个买家在与卖家的沟通中，几乎把他可以用的时间都用上了。从这点上看，卖家可以得出一个结论，就是买家针对这批采购的采购周期非常短，他们并没有太多的时间浪费在选择供应商和沟通上，因此，对于一些买家回复比较频繁的情况，卖家需要有恰当的行为来支持它。而在洽谈的整个过程中，买家对于产品本身的质量和标准要求是占用最多时间的，也就意味着，买家对于产品品质的关心大于对价格的敏感。这一点，也可以从买家要折扣，而卖家拒绝后他并没有纠结太多而表现出来。但是，这里有需要指出，就是卖家拒绝了买家，同时提供了一点额外的免费配件来支持卖家拒绝买家的这个行为，是基于买家对于品质和后续服务的高标准得出的。如果买家针对质量的标准要求不是很高的话，这种方式就行不通了。

因为买家此次采购的是单台设备，所以采购数量的问题并不是影响业务能否进行的主要因素。如果在时间线上，买家花费了较长的周期来针对数量进行沟通的话，那就意味着，卖家需要做出的行为是针对数量的大与小，给出买家合理的保障方案。付款方式也是一个避不开的话题。在这个例子中，买家显然对于采购是有预期的，所以使用 T/T 付款方式并不会对他的现金流造成什么影响。有的时候，如果买家在付款方式上产生纠结，则代表买家的现金流可能对业务会有一定的影响。这时，卖家需要调整的不仅仅是付款方式，还有数量。因为卖家除了要尽可能多地销售产品、创造利润外，还要考虑自身的风险，毕竟小心驶得万年船。

在这个主题中，笔者涉及两个概念，第一个是时间线，第二个是恰当的工具。笔者发现，一旦把片段的事情，用时间线的方式串起来，一切都会变得可分析、可应对。然而，许多时候，卖家并没有认真地做这件事情。原因有很多，但关键在于从一点看问题，永远看得不够清楚，一旦把零散的事件关联起来，事情都会变得清晰。所谓人才，其实就是会利用多种工具来改善自己工作效率的人，但是，很多人依赖工具来完成工作，这其实是不利的。笔者可以利用工具，但是绝不依赖工具，这是笔者的原则。另外，好的工具，确实可以帮助卖家对所有事情进行更合理的规划，找出内在的逻辑。

本节核心的观点是，卖家要整理与买家有关的时间线，并换一个视角来看待成交这件事，从而使很多没有结果的询盘，重新焕发生命力。

C HAPTER
第二章

02

贸易沟通

四步助你成为外贸高手

2.1

正确回复买家的第一封邮件

 第一印象对沟通的影响

日常生活中，人与人之间的第一印象非常重要。因为第一印象将决定未来你与这个人打交道时采取的态度，在心理学中，这被称为刻板印象。之所以笔者以刻板印象来作为这个主题的开头，是因为，在国际贸易中，由于物理和时间的限制，卖家往往与买家产生交集的第一个途径是通过邮件。而第一次与买家打交道，或者说，给买家留下的第一印象，继而影响买家与卖家后续交往的"种子"也是通过第一次邮件交流产生的。

在实际工作中，大量的外贸从业人员并没有把买家每封邮件的重要性放到一个比较高的优先级，这是中国人的惯性思维所导致的。在中国传统儒家文化体系中，做人要含蓄，这一点是扎根于每个接受过中国传统教育的中国人内心当中的。因此，卖家习惯性地认为，所有与我们交流的买家，都应该含蓄。正因为如此，在收到买家第一封邮件的时候，第一反应就是想当然地用"含蓄"的思维模式去应对，结果就是在第一次与买家产生互动的时刻，并没有在商业中尤其是在国际贸易中与买家所希望的"直来直去"的原则相匹配。

 2.1.2　直接比"迂回"更有效

在国际贸易中，几乎所有的买家在发送询盘或者查询一个潜在卖家的时候，他们希望得到的是简单、明确的回复，而不是充满"试探"的答案。这也在相当程度上造成了买家对于询盘回复率普遍偏低的状况。很多外贸从业人员问笔者，怎么做才能提高买家的询盘回复率，而每每被问到这个问题的时候，笔者很难有针对性地回答提问者。原因很简单，笔者虽然能猜到卖家可能在第一次回复的内容中不小心触犯沟通回复的大忌，但是笔者又不能说他们做错了。因为这是我们思想中根深蒂固的文化烙印，甚至可以说，是中国人或者中国文化有别于其他文化的重要特征之一。所以，笔者通常会建议卖家把他们与买家来往的前几次邮件发来看看，笔者才能告诉他们怎样优化他们已经产生的结果。在20年的从业生涯中，笔者对于如何回复买家的第一封邮件，也积累了一些经验，就是不要回避问题，而是直面问题。这就直接得出一个结论，卖家收到买家的第一次询盘的时候，一定要发现买家的问题所在，并且回答这个问题。因为这是沟通产生的前提，否则，在西方文化中，会很自然地认为，卖家不愿意与买家搭建沟通渠道。虽然当我们谈到这个原则的时候，往往会被很多现实情况所干扰。比如，在买家的第一封邮件里，并没有提及他们具体的问题，卖家该怎么办？难道卖家还能编出一个问题来回答吗？并不是这样的。在讲解询盘的内容里，笔者反复提到过一个观点，就是绝大多数买家并不会没有来由地向卖家发出询盘。也就是说，每一个询盘的背后都存在买家真实的诉求，而在沟通的时候，出于各种目的，买家并不愿意或者不善于通过邮件表达出他们的诉求。这时，买家就处于一种"被动沟通"的状态中。卖家需要善于发掘这种诉求，并直接提供买家所需的答案。

例如，买家一开始只说："I want to buy your products, can you give me some more information about your products?"

从字面上看，卖家完全不知道买家要的是哪个型号的产品，或者他们想要哪方面的信息。实际上，在这封简单的邮件里，包含了几层意思：首先，买家有对你的产品深度了解的想法；其次，买家对于你的产品可能并不是专业的；最后，买家也许只对你的产品有一些好奇感。买家对产品不了解，难道卖家还不了解吗？这时，在卖家的思维中，第一时间要做的不是问买家具体的产品要求或者卖家认为应该事先了解的对于买卖双方后续沟通有益的信息，而是解决买家的三个层次的诉求。第一，让买家了解他们正在询问的是什么产品；第二，解决买家对于这个行业或者产品的基本认知；第三，卖家要对自己的产品进行"恰当"的介绍，满足买家对产品或者行业的好奇感。千万不要小看这三层诉求的满足，因为这三层诉求恰恰就是建立双向沟通的最重要的"原料"。

试想一下，假如你与一位素未谋面的网友第一次见面，之后，对方打破了僵局，说：我觉得，你是一个挺有趣的人。

你会怎么回答？笔者给出几个选项：

A. 哪里有趣？

B. 我觉得你也很有趣。

C. 你完全不了解我，你怎么知道我有趣？

D. 确实，我是一个有趣的人，因为我……

你会选择哪个选项？如果你选择的是 A，那么，对方一定会绞尽脑汁地去回忆过往与你沟通的过程，找到认为你有趣的点来。但是，第一次见面，气氛总需要一个人来打开，这时，如果他回忆的时间很长，就会很尴尬。针对这个选项，我们如果这样：哪里都有趣，而你会怎么想？你会觉得他很随意，一点都不认真？如果你选择了 B，那对方的想法是，我哪里有趣了？这时，双方都会陷入一种尽可能应付对方的尴尬局面。如果你选择了 C，结果一定是双方仅仅是基于浅层的了解，而有很大的概率造成双方不得不继续努力寻找另一个双方都了解的话题来重新打破僵局。如果你选择了 D，对于所谓外向型者来说，是最有可能做出的选择。因为主动打开自己，永远比等待别人要简单得多，自己是最了解自己的人，不是吗？笔者认为，这也是外向型者容易获得朋友，并且外向型外贸从业人员相较于内向型外贸从业人员起步快的核心原因。当然，笔者想说的是并非只有外向型外贸从业人员才适合这个职业，恰恰相反，笔者想表达的是，我们的传统文化所导致的行为相较于性格所带来的对业务的影响更大。我们没有必要也不太可能改变自己的性格，但是可以通过改变自己的行为使最终的结果发生变化。

永远不要给买家不想要的选择

外贸从业人员在阅读本节内容的时候，是否发现，当你正在思考笔者到底想表达什么的时候，笔者用选择题的方式，让你的思考变得简单了呢？让我们在表达自己的想法的时候更容易了呢？没错，当我们与一个陌生人首次建立有效沟通的时候，不但要让沟通更直接，还要尝试让沟通变得更简单，而用选择题帮助或者引导对方一起搭建沟通渠道就是有效的方法之一。正因为如此，卖家在第一次回复买家邮件，满足买家三个层次的基本诉求时，尽可能地把我们要表达的内容选项化，并将内容传递给买家，让买家通过一系列的选择项，更顺利地搭建起沟通的渠道，最终形成属于彼此的沟通模式。毫无疑问，这将大大提高双方的沟通质量及后续的沟通效果。换句话说，也就回答了那个问题：如何提高买家的询盘回复率。

当然，我们在现实工作中遇到的情况会比举例中复杂很多。然而，笔者认为，无论情况多么复杂，卖家在回复买家的第一封邮件的时候，都是在买家心中建立对自己印象的最佳时刻。更为重要的是，这个时机一旦错过，以后很难再次建立同等的印象，也会影响后期与买家谈判的进度和结果。

2.2

PI 发给买家后，买家迟迟未付款，
如何催促

无论在哪个行业，外贸从业人员一定知道国际贸易中普遍使用的一种文件，它被译做"形式发票"，英文全称是 Proforma Invoice，或简称为 PI。买卖双方为了在谈判过程中确认各类细节，通常使用 PI 来"记录"相关的信息，以出具一份 PI 来代表已经在谈判中确定的内容。因为 Proforma Invoice 与 Commercial Invoice，也就是商业发票出具的时间点不同，也因为其具备的法律效应的不同，所以，在国际贸易中，很常见的情况就是买卖双方会通过卖家出具 PI 来确认合同中的细节。然而，外贸从业人员必须清楚，PI 与正式的合同在严格的法律意义上是不一样的。只是因为在某些情况下，PI 被认可用作证明合作有实质性进展的文件，所以，在正式合作中，还是会采用 Sales Contract 来确认合作关系。比如，欧洲的一些国家，就不认可 PI 用于商业合作的证据，而需要卖家在出具 PI 之后，再单独出具一份更具法律效应的 Sales Contract。

笔者为什么要强调 PI 的含义和使用场景呢？因为外贸从业人员经常会问一个问题，就是为什么在给买家发送 PI 之后，买家就没有反应了，怎么催他们付款？而且，多数情况下，卖家都是在买家要求之后才出具 PI 给买家的，这似乎代表买家已经有了明确的采购意向，而不应该在收到 PI 之后就毫无反应。说得没错，但是，卖家必须清楚，PI 仅仅代表买家对于"期望"采购的商品，包括名称、数量、规格、价格及与之相关的付款条件和交货期等进行最后确认，以便买家有针对性地做出最后的采购决策，而非传统意义上的合同要约的订立。由此可见，常规情况下，卖家应买家的要求，给买家制作了 PI，并发给买家确认，但这并不意味着买家已经完全接受了采购要约。在这种情况下，买家是完全有理由不做出反应的，而不是卖家想象中的应该针对 PI 执行所谓的"合同"。

众所周知，中国是一个外汇管制相对比较严格的国家。事实上，不只中国，世界上还有许多其他国家执行更加严格的外汇管理制度。所以，还有另一种情况，就是买家所在的国家对于进口付汇的要求比中国更加严格，会要求进口商先订立正式的采购合同，再根据买家的具体资质来审核买家的"换汇"申请，在审核完成后，才允许买家基于合同换汇，然后支付相应的款项。那么，当卖家面对的是这类国家时，买家就会要求卖家先将 PI 发给他们，他们在收到 PI 之后才可以进行正常的"换汇"申请。这样一来，卖家需要等待较长时间，而且有的时候还不可控。因为如果买家没有申请到相关的"换汇"权限，或者由于申请的时间过长，在这段时间里市场发生变化，导致预期的利润下降，最终使业务无利可图，结果就是卖家发了 PI 给买家之后就杳无音信。

除此之外，有些大型和手续正规的公司，需要对采购项目进行立项，然后再对项目与其他类似的采购项目进行对比，最终才能决定是否开展相关项目。当出现这种情况的时候，买家会非常急切地要求卖家提供一份 PI 给他们，在收到 PI 之后，就会与采购主管、采购经理甚至更高层的管理人员针对项目进行商议，最终确认是否执行采购项目。一部分买家会将进展同步给卖家，但大多数情况下，这类买家同时经手的项目有很多，因此未必会与卖家同步进展，结果就是卖家发了 PI 给买家之后，就石沉大海了，没有什么回音。

在跨境贸易中，以上情况时有发生。对于新入行的卖家来说，当他们满怀激情地把 PI 发给谈了很久的买家后，期待着买家能快速推进合作的心理是完全可以理解的，但是，往往事与愿违，多数情况下，卖家还是需要面对上述几种可能发生的情况。当卖家清楚地了解会面对哪些情况后，心态慢慢就会变得平和，自然对于发给客户 PI 之后的期望就会发生变化，不会过于执着为什么买家"不理不睬"。

事物总有两面性。一方面，卖家要了解买家的工作习惯和不同的情况；另一方面，卖家要尽可能从中学习一些东西，让买家采纳自己的"销售建议"，或者说，在采购项目立项之后能尽快地让这个项目成为可执行的项目，而非无疾而终。因此，卖家需要在发送 PI 之前做好以下几件事情，提高发送 PI 之后的"成功率"。

确认采购时间

卖家在与买家沟通交流的过程中，尽可能地与买家沟通相对具体的采购计划，让买家心里有数，同时自己也做到心里有数。因为在沟通阶段，可以更详细地了解到买家对于商品采购的规划，这个时候买家的心理防线会比较低，所以会向卖家交代最有可能的采购时间计划表，而卖家也可以在这个时间段里对生产排期和规划与买家事先同步，避免买家在后期做规划的时候因对生产排期不清晰而影响买家的决策。一般而言，采购时间与供应商的生产排期的关系非常大。

2.2.2 确认交货时间

交货时间的准确性，往往是影响买卖双方合作的重要因素，而在实际贸易中，由于交货期不准确造成的麻烦也屡见不鲜。能及时、准确地交货，对于保护买卖双方好不容易建立起来的合作关系是至关重要的。在实际贸易中，由于沟通不完全所带来的信息不对称，最终影响了买家对卖家的信任，从而使买家与卖家的合作成为"一笔业务"的情况并不少见。那么，卖家如何与买家在沟通阶段就确认交货时间呢？这与上面提到的生产排期有关，因为在中国，绝大多数跨境贸易是根据订单生产的，也就是常说的 By order。虽然说现在越来越多的供应商的业务模式由于海外市场的多变性而发生潜移默化的变化，已然有一小部分供应商开始针对性备货，但是大多数还是依据订单来跟进的，那么，何时排产、何时生产就决定了交货的时间。因此，卖家在与买家沟通的时候，就要最大可能地与买家确认这些细节，对于买家提出的交货期进行"有条件"的确认。比如：

"We can deliver the products to you according to your schedule, but please noted, you have to proceed the order right after we confirm it. And the production will start only after we received the advanced payment （L/C）in our bank account. That means, your order confirmation and payment schedule will finally impact the deliver time. Hope you completely understand that to avoid unnecessary delay. "

 确认付款时间

由于跨境贸易的不确定性，卖家在从事这个行业的时候，一般会让买家支付一定的定金或者预付款来确定订单，当然，也有降低供应商生产资金压力的意图。因此，卖家在与买家确认付款时间的同时，也要将定金的意图与买家确认清楚，尽量避免买家产生一种要订单就是为了确认买家是否有真实下单的意向，让买家产生一种不信任的感觉。那么，卖家怎样才能"优雅"地将这种并不是很

"优雅"的意图传达给买家呢？事实上，在跨境贸易中，直白，就是最好的"优雅"，中国传统中的"中庸"，并不太适合跨境贸易。因此，卖家可以直白地将自己的意思传达给买家。

"We will use the advance payment as part of our production preparation such as purchasing the raw material etc. , it means the deposit is quite important for us to push the production forward, it will be very helpful for us to arrange the production schedule if you can let us know the accurate payment time. "

事实上，当卖家与买家沟通上述三个细节的时候，就已经完成了所谓的"催促"动作。在沟通中，直接的催促并不会带来任何效果，相反，将前因后果表达清楚，让买卖双方都能按照既定的时间周期来进行的时候，就完成了"催促"动作。

买家接受了价格却迟迟不下单，
如何尽快让买家成单

卖家常常会遇到一种尴尬的情况，就是买家早已接受了报价，或者买家对卖家的商品报价毫无质疑，又或者买家经过几轮的还价，对于价格已经没有太大的意见，甚至有的时候，买家已经非常直接地回复了卖家，说"Price is accepted now"，然后，买家就再也没有消息了。这时，卖家是不是有一种被"托"上了天堂，再被狠狠甩回到地面的感觉？确实，卖家遇到这种情况内心是崩溃的，即使表面上看起来还很淡定。

卖家可以从三个方面来分析买家"明明"接受了我们的报价，但是却迟迟不下单的原因。首先，卖家要问自己一个问题，那就是我是真的确认买家接受了价格吗？

 ### 2.3.1　买家的"积极"有可能是"逃避"

为什么要这么问自己呢？因为有的时候，买家对卖家表现出特别"积极"的一面，是因为他们想暂时"结束"沟通。有的国家的买家，或者说一部分买家，他们的沟通习惯并不能接受中国供应商的"咄咄逼人"。是的，不知道从哪天开始，无论是文章还是视频里，很多人开始"教"从业者用一种"咄咄逼人"的方式来与买家沟通。这种方式表现在有事或没事就给买家发邮件，问这问那，要么就是看买家没有回复，就开始狂轰滥炸式地发各种产品推广邮件，更有甚者，还会找到买家的即时聊天账号，追问买家：Hi, have you received my E-mail about our products?

在做这些事情之前，卖家是不是应该考虑一下，买家是真的忙到没有时间看卖家发给他们的邮件吗？还是他们在花了大量的时间找到你之后就不愿意再后续跟进了呢？卖家只要沉下心来想一想就会发现，很少有买家会在前期花时间研究一个产品或者一家供应商之后就不再跟进了。在笔者 20 年的从业生涯中，总结出来的经验是，对于买家跟进的态度是：看"心情"。当然，这个"心情"不仅指卖家的"心情"，也要看买家的"心情"。在笔者与大量真实买家交流的过程中，也向他们问过类似的问题：

"Sometimes, you will accept the price from your suppliers, but why you don't proceed the order immediately, but temporary stop all the action even stop communication with the suppliers?"

"Because we were afraid of them, they keep pushing me with the confirmation, keep sending me some information which is not what wanted right now."

是不是很意外？在跨境贸易领域，跨越很多采购领域的买家是很少见的，尤其在 B2B 这个细分的领域里，而多数买家并非终端买家，只是中间商（中间商不能单纯地被理解为"二道贩子"，因为许多大型的终端买家都不会单设一个部门去采购，而是将采购的工作交给第三方专业的采购公司或者个人来帮他们完成）。他们为了满足上游买家的需求，需要对市场中大量的供应商及供应商的产品进行细分和比较，最终完成给上游买家的 Purchase memo。他们在前期对潜在的供应商进行初步沟通之后，会对几十家甚至上百家的潜在供应商进行整理和对比分析。而在这个阶段，价格是参与比较的重要因素之一，切记，这里说的价格只是重要参考因素之一，而非全部。所以，即使买家接受了报价，也是希望供应商在这个时候保持"克制"，希望供应商能给他们一些工作的时间，而非步步紧逼。正因为如此，卖家可以简单地理解为，买家接受了我们的报价仅仅是想暂时"停止"与潜在供应商的接触，以便他们更好地准备下一步的工作。他们需要在完成对比工作之后向他们的最终买家汇报及确认最终采购计划，这个采购计划里往往包括采购的数量、时间、周期等。采购价格在这个时候并不是最重要的，因为所有采购商都知道，采购价格与采购数量及最终产品的要求相关，并不会单纯地以报价为准。只有在该买家与终端客户确认采购细节之后才会再次与供应商建立联系，并最终确认采购价格。在这个阶段，无论卖家怎么询问，绝大多数买家会这样回复：

"We need to talk to our buyer to confirm the purchase, please be patient."

或者，干脆不回复你，甚至有的时候，买家还会因为卖家反复询问而产生负面情绪，将卖家的优势变成劣势，进而影响买家的决策，这就是"心情"的由来。这个时候卖家可以做什么呢？答案就是耐心等待。除此之外，卖家还可以做一些事情，这就涉及笔者即将谈到的第二个方面，卖家与买家之间还存在哪些没有解决的问题？

 2.3.2 买家现在挺"穷"的

在跨境贸易中，只要涉及业务往来，资金不可或缺。而在国际贸易规则中，付款方式也是买卖双方无法回避的一个话题，任何一个买家都会尽可能地争取用最好的付款方式来让自己的利益最大化。

在买家没有回应的这个阶段，卖家应该思考的问题之一就是我们给出的价格是基于什么付款方式。这种付款方式除了对我们自己有利之外，对买家是否也有利，是否帮助买家从上游获得采购支持呢？一般情况下，卖家在报价的时候，会留有一定的余地。这里笔者特别提醒，卖家在报价的时候，要么在价格上留余地，要么为价格间接地留一点余地。"留"在这个时候作为 The last strike，让买家最终心动的 Strike：

"You know, the quotation are based on the quantity you asked and the payment terms as well. We are thinking, if you need something from the payment terms to get more advantages from the purchasing negotiation. We are open for discussion, it will affects the final price accordingly."

是的，在这里，付款方式成了一种卖家推进买家的手段，"制造出"买家在这个阶段与卖家合作的盈余空间，形成一种潜在的竞争优势，而不是将价格"固化"在当前阶段。没错，Flexibility of the business 是任何外贸从业人员都需要认真思考的，也是将自己从"业务小白"脱胎出来的重要手段和思路之一。

 ### 2.3.3 产品之外还有服务

买家向卖家采购产品的时候，产品的品质是一切业务的前提。没有任何买家愿意将自己的"命运"捆绑在一个不可控的产品品质上的，所以，在买家表面上接受了卖家的报价却迟迟不下单的阶段，在买家内心中，对于供应商所提供的资料及他们自己通过各种渠道所了解的信息中，还是很难确保自己采购的产品是可靠的，很难确保对于自己将要合作的供应商是可以相信的。为此，卖家可以在这个阶段与买家沟通这方面的内容（事实上，在前期卖家已经提供了相关的资料和信息给买家），目的是增加信任，而不是补充让买家更有信心的资料。除此之外，购买前和购买后，许多买家都经历过截然不同的待遇，所以，售后服务策略和服务态度就值得买家在执行采购前认真地盘算考虑。基于这点，在买家接受了卖家的报价之后，卖家尤其需要做的就是在合适的时机，让买家知道，假如下了订单之后，买家会享受到什么样的服务，以及如果产品品质出现问题，卖家会怎样处理这些问题等。

在贸易合作中，瑕疵不可避免，但是，如何面对瑕疵，每家供应商的处理策略却不尽相同。为了体现与其他供应商的不同，卖家更应该处处体现出热忱和严谨的作风，没有必要遮遮掩掩，主动提出来，永远比买家问出来要真诚和客观。

"If you worry about the after sales issue, we would like to let you know that any issue occurred, we will provide the feedback within 24 hours and finalize the solution within 48 hours. The reliability is the most important thing in between our cooperation. "

如何消除买家的顾虑，应是卖家关心的问题之一。当然，还有一些客观存在的问题卖家同样不能回避，比如买家在询价阶段就虚高了采购数量，以获取相对较低的价格，或者买家对于这个采购计划还处于构思阶段，手头没有足够的采购资金等。这些都是真实存在的情况，买家也不太可能和卖家讲真话，那就只能另做打算。无论如何，买家在这个阶段主要关心的问题，卖家都提到了。做好这些工作，如果买家还没有下单，就不是卖家能控制的了，也大可不必纠结于此。

2.4

如何应对买家的讨价还价

买家讨价还价，是实际贸易中无法省略的沟通过程，卖家也无须执着于将买家与我们讨价还价作为评判买家是否真诚，或者认定买家是否具备采购实力的论据。因为只要有这种想法，对于买家或者卖家，都是不公平和客观的。讨价还价，一直以来，都是买家与卖家的权利。当然，笔者在这里说的讨价还价肯定不能与漫天要价画等号，尤其是那些不问事实，只讲随性的"拦腰对折"或者是不基于合作为前提的"要挟"式的还价伎俩。

在跨境贸易沟通中，不排除会出现恶意还价的现象，而且这种现象并不少见。当这种情况发生时，卖家还是很容易判断的，比如，当卖家基于合作前提报了价格给买家之后，买家回复速度非常快（尤其是通过即时沟通工具进行洽谈时），似乎没有经过思考就压低了价格，而且，在压低价格的同时还会故作惊讶般地和卖家说一句：

"What? Your price is so high. "

相信卖家在看到这类回复的时候，通常内心非常气愤，但又无可奈何。

还是老规矩，我们先看原因，再讲逻辑，最后讲解决方案，以便对买家讨价还价进行分析和梳理。一般来说，买家针对性的还价有几个原因，首先是卖家报的价格与买家期望的采购价格还是存在一定差距的。当然，如果这一差距较大，要么就是买家最初的参考价格因为各方面原因产生了问题，要么就是买家想要采购的产品与卖家提供的产品之间存在一定的差距，最终导致了这个价格上的差距。另外，卖家也不能否认自身的产品报价与买家市场上的价格确实存在一定的差距。由于供应链的不同、产品品质的不同等多方面原因，肯定会造成这种差异，所以，卖家不能在买家提出价格异议的时候，就想当然地认为买家不了解市场行情，不懂这个产品或行业，而是要分析是什么原因引起了这种差异，并尝试在市场价格、采购价格与卖家的报价之间找到一个平衡点，而非直接评价买家的还价行为。

 2.4.1　直接问，好过猜

如果说，客观原因会造成买家讨价还价的话，那么另一种买家主动同卖家还价的原因就是买家希望在采购中获取更大的利益。这个理由非常简单，那就是因为买家的身份原因，让买家在每次采购中都希望赚到更多的钱。一般来说，当买家是中间商的时候，为了满足上游买家的采购要求，他们不得不在价格上做出妥协，从而让上游买家通过他们来完成订单的采购，他们也许并不能从当前的采购中获利。换个角度来说，这也提示卖家，在多数情况下，作为卖家的我们，不要以自己的角色去判断买家的意图。有时，买家并不是通过与我们的合作赚钱的，我们也不知道买家从当前的采购中能赚到多少钱。这种情况下，如果买家提出要求降低卖家的报价，卖家就可以通过潜移默化的询问，去了解买家是否从采购中获利，从而影响买家的决定。

"Do you mind letting us know what the purpose is for you of this purchasing? Are you going to supply to your terminal buyer or you are going to use it for your own? We would like to do everything we can in the cooperation to help you out on the business processing, we believe the transparent information exchange will definitely improving our business negotiation."

当然，有的卖家可能会说，这样"赤裸裸"地"刺探"买家的信息，不会招致买家的反感吗？笔者想说的是，不管怎么样，在买家与卖家建立有效合作之前，双方都存在一定程度的不信任感，而这种不信任感如果处理不当的话，很有可能会转化为相互之间的怀疑。如果卖家在这个阶段与买家开诚布公，反而会在某种程度上消除与买家之间所存在的不确定性，把双方之间的沟通尽力推进到相互信任阶段，这会为将来的合作打造一个良好的"地基"。

2.4.2 心照不宣也是基于商业利益的

还有一种可能存在的情况，那就是买家单纯地希望降低采购成本。假如是这种情况的话（事实上，我们可以简单地把上述所有情况都归结于这种情况），处理的逻辑和手段也可以简单化，直接用正确的、有针对性的手段与买家进行针锋相对的沟通。笔者从来不相信所谓的技巧，相反，在笔者的内心坚信的是，任何沟通都是出于实际商业利益，任何商业行为最终也会回归利益本身。所以说，任何"套路"，在平时无伤大雅，但是，当面对真实的商业环境，只会存在心照不宣，最多也就是自欺欺人罢了。因此，只有围绕商业利益为核心的沟通，才是有效的沟通。

"We don't think the price is the only thing in the business, the quality and services are. And we believe that why you choose us to offer you the quotation is just because of our reliability. So we accept the reasonable negotiation of the price, but it seems your bargain is far more than the reasonable, it's nearly lower than the cost of product itself. We hope we can reconsider the price again and please think about our new quotation."

"Making money is the core of our cooperation, it's necessary for you, and for us too. But what you asking is too low for us to continue with, the price we offered is exactly based on the proper profit rate for the business other than insane profiteering. How about we work together to find the balance and keep the business going. "

"We are looking forward healthy and profitable business relationship instead of one-time selling. We know, at the beginning, the price is not as good as we both expected, but besides the cooperation, we are sure the price level will getting better and better. Please don't let the price become the only barrier in the cooperation and give a green light for the business. "

以上是针对几种不同的情况笔者做出的回复。笔者并不希望各位卖家将这些例句作为模板去使用，与之相反的是，笔者更愿意各位卖家理解每一个例句中想要表达的不同情绪以及不同情况下与买家开诚布公的交流逻辑。追根溯源，找到问题的核心，永远比拿来就用的表面技巧有价值。

2.5

报错价如何处理

俗话说得好，人非圣贤，孰能无过。只要是正常人，总会在工作和生活中犯这样或那样的错误，无论我们怎么努力地避免。而跨境贸易本来就是一个非常注重细节且细节繁多的行业，所以，报价的时候，因为各种原因，难免出错。出错后，有的卖家很焦虑，担心买家会将错就错，以错误的报价大做文章，又或者，担心对买家坦诚之后，买家会对自己的专业性产生质疑，影响自己在买家心目中的形象，继而影响后续的沟通和合作。诚然，错误的产生是不应该的。作为跨境贸易的从业者，哪怕为了节省时间，都不应该报错价格，但是如果错误已经发生，就应该想办法处理，而不是视而不见。在这节里，笔者就来谈谈针对错误的报价会产生哪些后果及处理方法。

2.5.1　简单明了地认错

卖家与海外买家沟通时，最大的障碍并不是语言上的，而是思维和文化上的。大多数海外买家与中国卖家的人文环境不同，由此导致的是看待问题的角度也不尽相同。报错价并不可怕，可怕的是不敢面对错误，不能坦然地给出解决方案以及直接明了地沟通。由此看来，处理报错价的简单手段就是直接说明。比如：

"I'm sorry to say, I've made a mistake, the quotation offered you in my previous letter was wrong, because of my wrong calculation, the price should be USD 6.00 dollars per piece instead of USD 5.50 per piece. I'm sorry to confuse you about this and hope you can understand that and give me chance to correct it in this letter."

上述道歉听上去有点直白，但是，却很直接。大多数时候，买家会接受卖家的纠正，因为他们也知道错误的发生是不可避免的，但是有的时候，买家也会在心里产生疑问，这个错误的计算是怎么产生的，是不是卖家在报价的时候留了个"心眼"？为了避免买家产生这样的疑问，卖家就不能仅仅在纠正报价的信件中说是因为计算错误，而应该更清楚地表明为什么计算错误，以便买家核算其合理性，从而打消买家存在的顾虑。比如卖家换一种说法：

"I'm sorry to say, I've made a mistake on the quotation we offered you in the last quotation sheet, in the quotation sheet, we provided the price based on the FOB terms, in fact, the price you required is CFR price, due to my negligence of the price calculation, I forgot to add the freight inside, so the price USD 5. 50 per piece is not correct, regarding the CFR terms, the corrected CFR price with freight included should be USD 6. 00 per piece. Please forgive my mistaken and accept the new quotation. Thanks. "

上述道歉有理有据，开诚布公地让买家知道卖家的报价错误，这会降低买家的防备心理，同时更容易接受卖家的新报价。当然，这是基于正式的商业合作还没有发生的情况下卖家可以进行的纠错动作。在一切尚没有真正执行之前，错误是可以原谅的。因为笔者曾不止一次地说过，合作是基于利益的，也就是说，在买卖双方的利益没有受到损害之前，一切都是可以改变的。如果合作已经开始，这时卖家才发现报错价了该怎么办呢？也许，这才是真正令人感到恐慌的。事实上，卖家也没有必要恐慌，也正是基于利益为先的原则，卖家还是可以尝试将错误所带来的影响尽可能地消除。这时，卖家就不能"简单而又天真"地以为我们真诚地告诉买家我们产生错误的原因就可以让买家接受我们的新价格。要知道，一旦商业合作已经开始，所有的利益链已经开始运转，哪怕是细微的调整，都有可能影响整个商业链条中涉及的利益。所以，在卖家尝试要改动其中某个细节的时候，买家第一时间想到的不是错误产生的原因，而是怀疑卖家是不是在"玩花样"。

在实际贸易中，卖家任何时候都需要将问题往严重的后果去推断，同时，又要将问题的处理方案往乐观的方向去思考。听上去，这是一种很矛盾的思维逻辑。其实不然，利益是驱动商业运转的核心动力。所以，在开始尝试解决合作后才发现的错误报价问题之前，卖家首先要做的是评估由于改变，有可能给买家或者自己带来的利益损失。当然，如果错误的价格高于正常价格的话，可以采取另一种处理方案，笔者最后再来谈。笔者先来谈谈假设错误的报价低于正常报价的情况。

 2.5.2　将一切开诚布公地洽谈，打消买家的疑虑

当评估的结果是由错误造成的，且损失在我们的可控范围内时，卖家需要考虑的是，是否需要将这个错误开诚布公地摊开来谈，如果这样做，会给买家带来什么样的影响。卖家可以有两种处理方法。第一种方法是告诉买家我们在前期估算产品成本的时候，由于某种原因，造成价格出现误差。比如，我们在预估成本的时候，没有考虑到生产环节的损耗高于预期；或者定制产品时，产生的成本高于估算成本；又或者买家在确认最终合同的时候，改变了初期的设计，而我们并没有意识到会影响成本等。在这些可能产生价格错误的原因中，如果是卖家自身考虑不周造成的，笔者认为多数买家并不会为此买单，他们往往会以"OK, but that's not our problem"为理由回复我们。只有在买家主动改变了一些影响成本的东西，而卖家当时并没有意识到，直到生产过程开始的时候才发现的情况下，卖家才可能与买家进行协商和沟通。这同样提醒了卖家，在合作初期，任何的改变都是存在的，但是任何时候，都不要第一时间满口答应买家的要求，而是时刻想到会不会产生利益影响，尤其是拿不定主意的情况，更需要在落实之后才做决定。第二种方法是将这个错误暂时性地放在一边，尽可能不让它影响现有订单的执行，但是，在订单执行完成后，卖家再告知买家，其实我们在这个订单中，报价产生了错误，并因此给自己造成了损失。这样做，有点"马后炮"的意思，更像是事后邀功的感觉，但是，如果卖家这样做，非但不会影响和买家现有的合作，反而会增进买家对卖家的信任度，提高买家复购的可能性。比如：

"Finally, we finished all the production as we expected, it's an amazing cooperation with you this time. But we think, there is something we need to let you know, that due to the reasons, we have made a mistake for the price calculation when we quote the final price as the confirmed price with you in the contract. And it did cause our lost in the order proceeding. Please don't worry, even we lost in the order, we still willing to bear that lost, because we don't want to let it be the issue which will slow our cooperation down. As the memo, we may adjust the price back to normal once we start the next cooperation. Hope to get your understanding and continual supporting. "

记住，这是在合作结束的时候告知买家的结果，并不是卖家在合作过程中让买家面对的选择，买家这时并不会对现有的订单产生疑问，而卖家又努力让价格回到正轨。

上文中，笔者提到的也许是相对比较乐观的情况。假如因为错误的报价造成卖家无法承担的损失时，那就属于不乐观的情况了，此时，恐怕卖家就要做最坏的打算了。利益问题，通常只能通过利益来解决，这个时候，卖家就需要彻底弄明白错误价格产生的原因。本着谁制造了问题，谁承担的原则，与买家沟通，并做好共同承担损失的准备。不过，也不必过于担心买家会因这个问题就全面否定卖家的专业性或者由此开始质疑卖家的诚信。只要解释有理、有节、有据，卖家还是可以与买家找到平衡点的。

上文中笔者还提到一种情况，就是如果错误报价高于实际价格，这是考验卖家业务能力的一种情况。笔者并不想在这里给卖家太多的建议，只想说，有的时候，如果卖家在收到额外"惊喜"的时候，可以善意"隐瞒"，留做未来适当的时机作为"激励"买家的手段，也可以在"惊喜"不是很大的时候，作为给予买家更多信任的一把"钥匙"。

2.6

如何让买家理解和接受产品价格的变化

上一节里，笔者谈到当卖家报错价的时候应该怎么处理，也提到如果在合作已经开始的情况下，应该抱着怎样的心态与买家磋商。在生意人之间，经常会说：丑话说在前头，生意不成仁义在。也就是说，一切的沟通最好都在事情发生之前完成，而不是在事情已经发生的时候才急急忙忙去补救。有不少外贸从业人员会在最初的价格谈判阶段就因为这样或那样的原因让自己处于不利的地位，要么没有办法让买家接受产品价格的变化，要么不敢和买家提价格的变化，等一切都尘埃落定的时候，才发现，再与买家沟通显得苍白无力，而且处处受制。明明自己很有理，但是经过买家一番反驳就变得自己非常"无理"，导致在最后，不得不放弃自己的利益。有时还不得不打着"放长线钓大鱼"的旗号，最终委曲求全地接受了"不平等条约"，做了一笔并不开心的业务，达成一项并不双赢的交易。

2.6.1　从一开始就不要含糊其词

俗话说，防患于未然，卖家从第一次报价开始，就应该尽量避免含糊其词的风格，要么不报价，要么就做到步步为营，让每一次报价明明白白。既不让自己的报价出现纰漏，又让买家清晰地了解每一次报价的真实有效性，还要尽可能地让买家接受我们的报价。那么，如何做到这一点呢？在笔者看来，卖家务必遵守精细化报价的原则。许多外贸新手，在报价的时候，很容易犯一个错误，就是完全不对上级或者同事给自己的报价做任何审核就报给买家，又或者在报价的时候不做分解就报给买家。上文中笔者已经分析过如何准备一份有价值的报价资料，在这里不再赘述，而是告诉各位卖家如何组合一份精细的报价。

卖家需要明白报价的目的是什么。报价，并不仅仅是让买家知晓价格，划个重点。这里说的是"不仅仅"，是指除了传递价格信息给买家之外，卖家还需要在报价中包含一些额外的信息。这些额外的信息要实现的结果是让买家理解价格的组成，以便卖家在后续因为某些原因对价格进行调整时，更简单地与买家沟通价格调整的合理性，而不只是卖家单向地通知买家，我们的价格要做出调整。比如，卖家应买家的要求，报了 CFR 价格给买家。我们都知道 CFR 就是"Cost & Freight"，在实际报价的时候，假定目的港为汉堡，往往会简单地将价格写成：

CFR HAMBURG USD 6.00 PER PIECE

原则上，这样的报价本质上是没有任何错误的，但是，我们要知道，CFR 价格的原理是成本加运费，也就是说，它的组成是 FOB 价格加上分摊下来的运费成本。如果其中任何一项发生了变化，CFR 价格势必会发生相应的变化。然而，多数时候，卖家的基本生产成本是不会发生大变化的，除非买家变更了生产的细节或者添加了一些定制需求。而运费的变化，在很多时候是不可控的，尤其在一些特殊的情况下，比如，重大疫情导致的运费暴涨，或者其他不可控的原因引起的船舶/空运航线发生变化引发的运费浮动等。通常，如果运费的变化幅度不是很大，出口商都会尽量"自我消化"，不与买家就这些小的变化进行沟通，从而影响所有的商业进程。但是，如果产生大于可控范围的变化，卖家就不得不与买家进行沟通，以降低潜在的利益损失。由于上述例子中笔者采用的是整体报价的方式，所以无论是哪一部分的成本产生了浮动，卖家调整的都是单一价格。也就意味着，卖家让买家就这个单一价格的变化来适应，而因为价格的复杂性，买家不得不针对这个价格对整个商业逻辑重新梳理和分析。

比如，我们将 CFR 价格"还原"成原始状态来报价：

FOB SHANGHAI/NINGBO USD 5.80 PER PIECE. Based on the current freight rate, the CFR price should be CFR HAMBURG USD 6.00 PER PIECE. So the final CFR price should be adjusted regarding the freight on delivery time.

当遇到买家因为定制的需求而产生产品价格变动的时候，卖家完全可以只调整 FOB 价格，而维持运费部分不改变。假如运费发生大幅的变化，卖家就可以维护 FOB 价格的稳定，而只调整运费部分。这样买家可以更清晰地知道卖家调整的价格在哪一部分，对于买家判断商业逻辑是否可行，并且对简化买家的思考时间是非常有好处的。要知道，买家思考的时间越短，越有利于买家快速做出判断和决定，毕竟买卖双方都不希望订单的时间越拖越长。另外，在向买家提供报价变化的时候，卖家还可以做一些工作，提供几个选项让买家选择，不但可以提高买家决策的速度，还能降低买家思考的难度。比如，卖家可以在之前的报价调整基础上做以下改变：

FOB SHANGHAI/NINGBO USD 5.80 PER PIECE. Based on the current freight rate, the CFR price should be CFR HAMBURG USD 6.00 PER PIECE. So the final CFR price should be adjusted regarding the freight on delivery time.

On the other hand, if we remain the original design, or we can ship the products before the end of this month, that means we close this order by this weekend, we can still hold the price without any change.

这就是一个典型的提供买家选择的例子，如果买家可以在这两个选项中做出选择的话，那是不是就可以最大限度地降低买家的决策难度了呢？当然，上面提供的例子只是实际贸易沟通中的"冰山一角"，不能以偏概全，还需要外贸从业人员根据实际情况进行千变万化的调整。只要勤于思考，可以利用的点还是很多的。可以说，跨境贸易并不复杂，但也不简单。不复杂在于跨境贸易有相对完善的国际规则可以遵循，而不简单在于规则需要具备通用性，而跨境贸易是人与人之间的交易，又涵盖了人性本身的重要因素。

 ## 在合理的范围内据理力争

当然，笔者在上文中提到的是一些相对比较理想化的方案，如果买家直接反驳卖家的议价要求，怎么办呢？卖家不能忘记一个核心原则，那就是买家向卖家采购的一定是产品和服务。"打铁还需自身硬"，这个道理每个人都懂。买家通过采购质量过硬的产品和服务，然后将这些产品和服务创造出额外的价值，是买家完成采购动作的根本原因。可以断言的是，价格只是影响买家决定是否采购的因素之一，而非决定性因素。卖家调整价格的举动也必须合情合理，这就意味着，如果卖家的要求是合理的，那么，对于买家提出的反驳意见卖家同样具备反驳的权利。在反驳的时候，卖家要切记，商业逻辑需要平衡，换言之，就是我们常常挂在口头上的一句话，我们要努力实现双赢甚至多赢。假如卖家的产品和服务确实好到能打动买家实现额外价值的话，那就完全不必担心。只需要"据理力争"，积极与买家沟通，达到预期效果即可。如果产品和服务不能触动买家的"采购神经"，无论卖家做什么，其实在一开始这笔业务就处于不稳定的状态，一点点变化便可以改变原有的平衡，因此，也不存在沟通的可能性。

有的时候，我们遇到的事情是有两面性的。如果站在卖家的角度，是有调整价格的理由，但是站在买家的角度，也有不允许调整价格的依据。比如，在签订合同的时候，由于原料市场稳定，物流稳定，基于稳定性，价格被"锁定"。但是随着订单的执行，两个方面都发生了巨大的变化，卖家如果继续按照合同中的要求生产、发货的话，将面临巨大的损失，卖家肯定是不愿意执行的。而在买家看来，合同代表的就是规则，一旦规则定下了，买家是有充分依据不认可任何变化的。在这种情况下，卖家能做的就是陈述事实，获得买家的谅解。正所谓不打笑脸人，只要放低姿态，买家还是有可能改变原有的立场，接受与卖家共同协商的可能性的。只是在这个时候，需要买卖双方找到彼此都能接受的平衡点。任何强硬的态度或者胁迫，都是无法达到预期目的的，卖家必须清醒地认识到这一点。

2.7

如何应对买家不回复邮件

"买家为什么不回复我的邮件呢？按理说，我已经把他需要的资料发给他了，而且，在所有给他的资料里，确认都是最好的、最优惠的条件，他没有理由不回复我的邮件呀。"

这是每一个外贸从业人员都会问的问题。大多数时候，卖家在收到买家的邮件后，对买家的要求进行了非常深入的研究，也对自己的产品很有信心，精心组织了邮件以及与之相关的资料并发给了买家，之后却杳无音信。是买家没有收到邮件，还是卖家的邮件被当成垃圾邮件被系统屏蔽了？……

　　胡乱的猜想，永远不可能解决问题。本节里，笔者首先从买家不回复卖家邮件的原因开始分析。卖家要知道，在不同的阶段，买家的行为是不同的，如果卖家不能分辨不同的阶段买家所产生的不同行为，那卖家所做的，很可能是无用功，结果往往事倍功半。

2.7.1　把握"兴奋期"

　　买家在发送具体需求之后，会有一段时间的"兴奋期"。这个兴奋期一般是在发出邮件 24 小时内。在这 24 小时内，买家会期待卖家的回复，以便他们对回复的内容进行分析。当然，这不是绝对的。有的时候，买家表现出随机性，也就是他们会持续不断地搜索和发掘不同类型的供应商，并且间断性地发出询问的邮件。在发出邮件之后，他们并不热衷于逐一回复收到的来自潜在供应商的邮件，而是在收到所有邮件之后再横向进行比较和判断，然后决定应该回复哪一家或哪几家比较符合他们需求的供应商。因此，在这个阶段，卖家需要把握两个关键点，一是回复的时间，二是回复的内容。

　　我们先来看看回复的时间。由于在回复第一封邮件的时候，卖家很难判断买家的类型和习惯，所以，卖家只能基于心理的考量来执行第一步，那就是尽可能地在 24 小时内回复买家的邮件。既然 24 小时内，也就是说，卖家并不急于在收到买家的邮件之后就立即回复买家，而是需要在有限的时间里，对买家的需求进行比较有深度的分析和思考，有针对性地准备需要提交给买家分析参考的资料。假如在这个时候，回复一封并没有太多参考意义的邮件，那么，当买家收到其他卖家的邮件时，经过比较就会发现我们发的邮件是不严谨的，买家自然是不可能给我们回复的。除非买家发送的邮件内容太过简单，无法给予我们充分的线索来进行分析，否则，一封精心准备的邮件内容，一定比随意发出的邮件有意义得多。

在本节里，笔者没有特指买家发出的第一封邮件，指的是买家给卖家发的邮件，因此，不要把这种对邮件的分析与对询盘的分析混为一谈。如果说询盘是买家给卖家的第一封邮件，那更多意义在于试探卖家的反应，获取第一手的资料。如果这不是第一封邮件，那么意义就不同了，买家可能有试探的意思，但更多的是，有判断的意思在里面。鉴于卖家已经通过邮件或者其他方式与买家有过初步交流，买家这时发给卖家的邮件里，应该涉及具体的产品或者服务的细节。那么，卖家在回复买家的时候，遵循的原则就是尽可能地不重复已经回答过买家的内容，当然，在邮件中，卖家是可以 Recap 这些内容，这与重复是不同的。

"Just recap：

In our previous conversation, we've already mentioned the delivery time will be within 30 days since the deposit received in our bank account, all the deliver terms below will follow this statement."

通过简单的回顾，卖家把已经与买家沟通过的信息放在所有要谈的信息之前，避免重复声明。同时，在立场上，卖家严谨地遵循与买家"说话算话"的原则，买家也不必在后面的内容中再与之相关的条款进行链接，可以简化买家的思考逻辑。另外，如果卖家在回复邮件中反复重复已经回答过的问题，会让买家在阅读的时候，花费更多的时间去回忆和比较双方之间的沟通，这并不是一件简单容易的事情。买家面对的很有可能不只一个卖家，如果每一家都需要重新比对的话，工作量无疑是巨大的。

 没有意义的邮件，能不发就不发

买家不回复卖家的邮件，有很多理由，但是，无论哪种理由，卖家都无法左右买家的决定，更不应该特别发一封邮件提醒买家。这种方式，在笔者看来是一种没礼貌的行为。与买家打交道的多年经验中，笔者的原则是绝不给买家发任何一封没有意义的邮件，也不给任何买家发一封不能让事情"流动"起来的邮件。换言之，就是卖家发给买家的任何一封邮件都应该推动事情的进行，因为推进洽谈的进行比停留在原地要好得多。

推进洽谈的进展不等于通过发邮件去刺激买家的行动，别忘了，笔者刚刚提到不要发"无意义"的邮件。那什么样的邮件才是有意义的呢？当然是与业务有关的内容。既然卖家已经发了与买家需求切实相关的内容给买家，卖家就可以通过一些问题来推动洽谈的进行。比如：

"We are assuming you have got the necessary information regarding the demands you sent us. Do you have any comments about the product design? We noticed the design you asked for is quite popular in the market, but we have some extra design for the products, do you need us to send you for reference?"

笔者建议卖家不要在邮件里反复询问买家是否收到我们的邮件，如果真的被服务器屏蔽，无论卖家怎么做都无济于事。本质上，卖家询问买家有没有收到邮件的时候，就是在质问买家为什么不回复邮件。且不说这是否礼貌，于业务本身毫无意义，回复抑或者不回复我们的邮件，都是买家的权利，而非义务。卖家通过一个问题，强调了我们的设计能力，同时，也潜移默化地提醒了买家，我们知道您已经收到了邮件，但是我们没有收到您的回复，是不是您对于产品的某个部分产生了一些疑问呢？如果有问题，您可以告知我们。同时，无论如何，卖家将洽谈的进度往前推了一小步，尝试让买家接受我们的设计参考。

帮买家找理由

2.7.3

有时，买家在收到卖家的邮件后，因为邮件的内容比较完整，他并没有产生新的需求，所以，很可能不知道如何回复卖家。这种情况下，卖家可以通过"制造需求"让买家发现，原来他想要的，和卖家能给的还存在很大的空隙，也许，他还能再做点什么。有时，这种方式不但让买家给卖家回复邮件，还能创造一些新的可能性，未尝不是一种值得尝试的方法。又或者说：

"We know that you were busy to analyze all the feedback from the suppliers, but you have to know, even if you place you order right now, we still need at least 30 days to finish the production. When we try to ship the products, it will be the hot season of the shipping. According to our experience in the industry, we may need to book the container 2 weeks earlier than the shipment, otherwise, we may be delayed due to the short capability of the logistics."

一方面，卖家提醒买家，不管多忙，都应该早做打算；另一方面，卖家通过物流紧张的问题，告诉买家，我们在这个行业深耕多年，有丰富的经验，因此，希望买家能对近期有一个规划等。虽然说，通过上述例子中的方法并不能肯定买家一定会回复卖家的邮件，但是，卖家的目的并非要收到买家的邮件，而是促进订单完成。所以，卖家在给买家回复邮件的时候，需要推进洽谈的进行。即使买家没有回复，也要让他们明白整个商业流程，让他们清楚地知道"拖延"进展的后果。这样，如果因为买家没有及时跟进沟通，最终导致卖家很难满足买家各方面的需求，也可以更好地把问题集中起来与买家进行下一轮的沟通和谈判。

2.8

如何催促买家及时支付余款

经过漫长的沟通，买家终于与卖家正式合作，在订单成交过程中，买家一般不会与卖家产生太多的交集，毕竟，卖家是买家经过层层筛选出来的，已经产生了初步的信任。更为重要的是，只要不是通过 OA（赊销）或者其他先出货再付款的付款条件，买家应该已经支付给卖家一定额度的定金或者其他的付款凭证。临近出货日期，根据条款，卖家准备发货，开始有所担心，因为一旦货物发出后，余款能否顺利收到，就成为跨境贸易订单风险的最后一道坎。在现实工作中，很多交易面临这样的问题，而且，很多卖家也确实遇到发货后没有按时收到买家支付的余款，从而导致整个订单亏损的情况。因此，除非卖家有一定的手段可以制约买家，否则，在发货前，卖家都会提醒买家发货的时间及发货的计划、发货的总涉及金额等，借此来确保买家还在状态，可以按时发货。事实上，在这个时候，买家都会很积极地与卖家沟通，很少"玩消失"。在这个阶段，眼看货物就要发运，而订单也趋于结束，只要是正常的业务往来，都会比较认真地对待所有细节工作，比如，买卖双方确认目的港、收货人（Consignee）、通知人（Notify party）等物流信息。然而，在这个时候，收款风险也随之产生。

在跨境贸易中，有一种贸易条款叫 FOB（Free On Board）。在 FOB 贸易条款下，卖家会预收买家的一部分合同定金，然后负责生产、备货、发货，在发货之后，通过向买家出示提单的 Copy 件，让买家支付余款，然后再将提单通过邮寄的方式或者电放（Telegraphic Release）的方式将货物的所有权转移给买家（这里，笔者暂时假定卖家的提单具备物权的控制力，因为在这部分还存在风险，笔者在后面的章节会详细说明）。一旦货物发出，卖家对于货物的控制权就转移给了船公司（承运人）。如果在货物到港之前，卖家无法按时收到余款的话，会带来很多不可控的麻烦。比如，滞港超期拍卖、无单放货等，这些内容笔者后面再谈，这里只是引出卖家要在买家未能及时支付余款的时候，如何向买家催款，以及在沟通中，卖家如何有理、有节、有逻辑地完成这个对多数外贸新人而言非常尴尬的流程。

 2.8.1　合理利用"契约精神"

还是老规矩，笔者先讲原则，再讲原理，最后讲一些例子。首先，卖家要考虑到，催款这个行为对于一部分买家来说，有可能是一种不信任，为什么这么说呢？因为一部分买家在与卖家签订合同的时候，对于什么时候付款，是有比较详细的说明和约束条款的，因此，如果卖家比较频繁地去"提醒"买家付款，会让买家觉得卖家不太信任他们。这很有可能会造成买家对卖家的"契约"精神产生质疑，那怎么办呢？最简单的办法就是利用"契约精神"。

"Based on the delivery time we confirmed in the contract, we have shipped all products under the contract, the shipping date is × ×. Regarding to the contract, you should start the payment before × × to avoid unnecessary lost in case the ship arrived the destination port."

或者：

"We think, it's time for you to pay the balance as we confirmed during our previous discussion, we don't want any unexpect issue occurred which impact the health of the business. Hope you can notify us when you finished the payment within × × days."

事实上，以上两种方式，都是非常直接地"要求"买家付款，而且是根据合同完成卖家的义务之后的直接要求。那么原则就是，如果卖家向买家催款，前提是卖家已经完成自己的义务。一般情况下，买家在收到这样的"催促"后，都会给出比较明确的反馈，但是，如果他们没有给出明确的反馈，或者说，他们给出的反馈中并没有准确的时间期限卖家怎么办呢？

我们回顾一下上述两个例子，无论怎么说，其实都在文字中非常明确地要求了付款的时间期限，而且这个时间期限来源于合同，也就是双方的"契约"。因此，在催款初期，卖家应该把一切时间点尽可能地掌握在自己手里，而不是买家手里。一旦出现买家没有根据契约要求给予及时的反馈结果，卖家需要立即进入第二个阶段，就是控制已知可能存在的收款风险。此时，卖家还是要围绕最早的原则，就是催款尽可能不伤害买家的信任。卖家内心焦急，但是不能表现在"脸上"，而是用一种相对优雅的方式来表达。

 2.8.2 用对账单来催款

生意伙伴间，需要对账的时候，通常会涉及对账单。在跨境贸易中，也存在对账单（Debit Note）。比如，买卖双方出现账目上的差异时，卖家需要出具对账单来说清账目的来龙去脉。因此，卖家催款的行为，其实就是一种与买家对账的行为，那么，卖家在这个时候使用对账单来催收余款也就再正常不过了。跨境贸易的对账单是需要同时具备一些要素的，比如，订单号、订单签署的时间、货物名称、规格、数量、单价、总价、发货时间、开船（或者其他运输方式的实际出发时间），还有该订单项下的合同总金额、实际已收金额（含收款时间）、应收款金额（含应收款应到账时间）等。

图 2-1 是一个 Debit Note 的例子。笔者想要告诉卖家的是，在 Debit Note 中，最重要的内容是通过它将订单的真实情况进行最大限度的还原，从而让买家通过一份 Debit Note 就可以清晰地知道在对账的订单中，需要针对性安排什么款项，以及需要支付的金额和时间等。通过 Debit Note，实际上就是在催促买家按照合同的约定付款。与直接询问不同的是卖家不需要通过太多的语言或者找一些借口来询问买家，只需要通过 Debit Note 来通知买家付款即可，大大降低了

与买家产生冲突的可能性。

DEBIT NOTE

ORDER No. ETL20200129
TOTAL CONTAINERS: 3 X 20'GP
ORDER QUANTITIES: 65000 m
ACTUAL QUANTITIES: 63945 M

BUYER: XXXXXX LTD
SELLER: CHINA XXXX XXXX CO., LTD

PRODUCT DISCRIPTION:
ROOFING SHEET   0.18MM, 600MM WIDTH, 2450MM LENGTH

EVERY 15PCS PER BUNDLE, AND EVERY 36 BUNDLES PER PACKAGE
EXCEPT 3 PACKAGES ARE 40 BUNDLES PER PACKAGE, THE OTHER PACKAGES ARE 36 BUNDELS PER PACKAGES.
TOTAL: 63945 M, 48 PKGS.

VESSEL NAME: KOTA GANTENG V.GNT096
LOADING PORT: TIANJIN PORT / CHINA
DESTINATION PORT: XXXX PORT / COUNTRY
SAILING ON DATE: 11-MAY-2021

ACTUAL AMOUNT OF THE PRODUCTS FOR THIS ORDER IS
1.53 X 63945 = USD 97835.85
TOTAL AMOUNT OF ACTUAL PAID FOR THE GOODS: USD 99450.00

THE PAYING LIST FOR THE ORDER SDW20100129 AS FOLLOW
1. GOODS: USD 97835.85
2. CTN CHARGE: USD 731.00
3. SEA FREIGT: USD 7800.00
4. REMAINED FROM THE LAST ORDER: USD 2800.35

97835.85 + 731 + 7800 – 2800.35 = USD 103566.50
PAYMENT RECEIVED: USD 105000.00

图 2-1　Debit Note 示例

2.8.3　随时让买家知道生产过程

买家在等待订单生产完成的过程中，事实上并不会感到很安全，尤其是第一次合作的买家，所以，卖家随时让买家同步了解到生产和发货的进展可以很好地提高买家的安全感，那么，卖家发货之后，买家的安全感并不会因为卖家已经发货而有所降低。之所以有一部分买家会多次拖延付款的时间，除了他们自身的财务状况出现问题之外，还有就是他们对货物的担心、对卖家的担心。也正因为如此，如果卖家提前把发货计划告诉买家，与买家尽可能同步订舱、发货时间等，也会相应降低买家对这方面的担忧。卖家要明白，我们所做的一切，其实都是在努力构建我们与买家之间的信任感。因为，只有建立良好的合作信任机制，才有可能将买卖双方之间的商业关系进行下去，也确保了当意外情况发生时，卖家与买家不存在所谓的"信息差"，导致更严重的后果。

另外，如果因为买家不按时付款，导致发生不可控的状况，比如货物到港之后产生了滞箱费、滞港费，甚至更长时间滞港之后，目的地海关会进行拍卖等。当船抵达目的港后，所有的费用都会包含在目的港及船公司的计算中，卖家是无法对之进行预判的，这就要求卖家事先对可能产生的不可控因素有所预防。特别是这些状况是由于买家没有按时付款而直接引起的，卖家更要做到有备无患。

 2.8.4 将风险防患于未然

针对滞箱的情况，卖家对于一部分有可能产生支付风险的买家，在订舱的时候可以尝试申请更久的免费用箱期。因为免费用箱期在不同的船公司规定不同，而且只能在发运港及发运前申请。如果能申请到，那就为卖家进一步降低由于买家支付拖延而带来的滞箱的风险。同时，不同的目的港对于滞港时间也有不同的规定。一般而言，这些都能从货代那里咨询到，那么卖家就要在这些风险还没有产生之前，通知买家，让买家清楚、明白地知道他将面临的风险。

卖家只有与买家同步这些信息，才有可能在后期产生风险时，让自己站在理的这边，不至于被买家"利用"，作为讨价还价的理由之一。

"We want to you know, the ship will arrive the designated port on date ××, we'd better finish the payment issue before that to avoid unecessary expenses like demurrage at the destination port. That will be uncontrolable for us. And you know, according to the contract, we can release the bill of lading and other related documents to you unless we received the full payment in our bank account."

"Please be noteced, due to the delay payment from you, the ship has already arrived the destination port for a week, the demurrage will occurred if we don't try to clear it from the port. We don't think you are going to afford the related expenses for such demurrage neither do us. Could you please make the transfer for the balance so that we can release the shipping documents to you before everything going too late."

上述两种说法不太一样，但是，结果都是一样的，将损失"转嫁"给买家，这样至少给买家带来一点压力，并不是所有的买家都清楚地了解可能在目的港产生的费用。有的时候，卖家还需要与货代沟通，将获得的更精确的费用明细发给买家，让买家更重视付款的及时性，以便卖家能顺利、安全地收到货款。当然，卖家也要做好最坏的打算，如果买家真的无法支付货款，应该怎么办？比如，提前联系潜在的买家，或者提前安排可能的退运等，这是另外的话题，笔者在此不再赘述。

2.9

如何处理买家投诉
（产品质量不满意等问题）

"The products quality sucks, we want my money back."

"I need your help, the products have some problems, my customer returned them to me."

对于从事跨境贸易的业务人员来说，无论产品质量多么好，都不可避免会遇到类似的问题，但是，有的时候这类问题产生的原因，并非产品质量出了问题，也不是买家真的非让我们退款不可。每个买家都会有类似的体验，就如我们遇到一个问题，需要找到卖家处理的时候，都会"想尽办法"把问题说得严重一些，以便我们在与卖家谈判的时候，尽可能多地获得一些"先机"，占了理，自然更容易谈判。

买家提出投诉的众多原因中，产品质量问题仅仅是原因之一，很可能在沟通阶段，买家对卖家就心生不满了，所以，当出现一些小问题的时候，买家会很自然地将问题扩大化，也就是把前期积聚的"怨气"一下子爆发出来。卖家在知道了买家产生投诉的原因之后，在处理过程中就需要更加小心。如果处理得不好，会使原来不大的问题变得无法收拾；而处理好了，不但可以很好地解决当前的问题，更可以将买家以前累积在内心的"怨气"释放干净，还可以进一步提升卖家在买家心中的信任度，加深买卖双方之间的商业合作关系，从而获得更多订单。事实上，引起买家不满意和投诉的原因有很多，不可能在短时间内全部说清楚，笔者还是老方法，找逻辑，理思路，然后提供最合理的解决方案，一切都跳不出核心。

记得多年前，一个买家在笔者这里采购了几个柜的货物，整个采购过程很顺利，工厂备货也很及时，我们在合同规定的时间里将货物通过海运发给了买家。然而，当买家收到货物的时候，突然发现货物的质量与订单实际采购的质量有出入，买家立即发邮件给笔者，将情况进行了沟通。出于对合作工厂的信任，笔者第一时间就回复了买家，说货物的质量是不可能出现问题的，是不是测量方法不同？而且，货物是经过第三方验货公司验货之后才发运的。这就给了笔者"很强"的自信，认为这是买家在找茬。于是，笔者回复买家：

"We have got your information, but I'm wondering whether there is something wrong with the measurement method on your side? The products has been verified before the shipment, it should be qualified for shipping out. Basically, we don't think the quality is a problem at all. Could you please take some photos of the products you received with the meters you were using and show us how you measure the products?"

很快，买家将我们要求的照片及测量方法通过照片和视频发给了笔者。在笔者看到相关材料的一瞬间，发现确实是我们发给他的产品出了一些问题，并不是质量本身的问题，而是不同国家对于产品标准中公差的认定存在差距。中国的国标与买家所在国的标准中所制定的公差（尺寸公差简称公差，是指允许的，最大极限尺寸减最小极限尺寸之差的绝对值的大小，或允许的上偏差减下偏差之差的大小）这一可能存在的问题，我们在签订合同之前没有商定，双方都将这一问题忽略了，导致的结果就是买家对于质量存在异议。这算是质量问题吗？从原理上说，双方都没有认定的问题，当然不能简单地归咎于质量问题，笔者更愿意把这个问题当成是双方沟通差距所导致的质量争议。既然有争议，我们一定要想办法解决，于是笔者发邮件给买家：

"I've checked all the materials you sent me earlier very carefully, I found one thing. I think the problems come from the tolerance standards we recognized in different standards are different. But things happened, we can't blind our eyes and pretend they are not there. Let's find a solution for this. Now, I have a question, can you use the products for lower standard product in your production line or not? If so, can I propose that we share the cost and bear them in the next new order and make this as the solution to settle it down?"

笔者做出这个方案并非毫无根据，而是基于一个逻辑，就是当己方出错的时候，一定要勇于承认。因为很多时候，买家是找方案，并不是找赔偿，如果卖家明知自己有问题，但是推诿、回避问题，就让买家产生一种完全无助的感觉，会将矛盾激化，将事情引导到最坏的结果上去。反之，则让买家产生一种安全感，自己并不是"孤独"的，而卖家与买家之间产生的是一种"合作伙伴"的关系。

回到案例本身，当笔者把邮件发过去之后，买家回复了笔者的邮件，并将所有可能产生的损失列了一份清单。笔者核对了一下，确定产生的损失并不大，于是笔者回复买家：

"The expenses are quite reasonable and controllable, thanks for your understanding. It means, we gonna share the expenses in your new order with 50/50 right? Please confirm that and let me know your new plan regarding the solution."

两天后，买家给笔者下了一笔新的订单，这笔订单的金额是上一笔出问题订单金额的两倍有余。这样不仅顺利解决了前一个订单产品的损失，还产生了盈余。

 ## 2.9.1　遇事不能回避，越早解决损失越小

日常贸易工作中，接到买家针对各方面的投诉在所难免，然而遗憾的是，在笔者接触到的卖家中，绝大多数都对买家的投诉秉持一种敬而远之的态度。当然笔者不排除买家投诉的时候，不可避免地带有一种将问题扩大化的思想，而卖家在收到买家投诉的时候，也一定会先仔细研究买家投诉的内容。在这些内容中，不难发现一些不合理（有一部分是卖家将合理投诉不合理化）的情况。正常情况，人都有一种将责任往外推的心理，因此，很难说这种情理的正确与否。那么当这种心理产生的时候，买卖双方都会因为这种心理作祟，过于坚持自己的主张，最终导致小事变大。这时，卖家更需

要冷静地分析一下买家真正的诉求是什么。

正如买家在网上购买商品一样，当出现一些问题的时候，买家的内心一定是从焦急到行动再到等待，如果卖家没有及时反馈就会开始变得急躁，最后失去耐心进而上升到"仲裁"。跨境贸易与这种情况相比，有过之而无不及。因为在跨境贸易中，买家与卖家是分处于不同的国家，要应付这种纠纷，情况会复杂很多，所以在跨境买家看来，等待的时间过长（在跨境贸易中，买家对时间的心理预期要比国内贸易的心理预期短）。从买家行为来看，进入行动阶段的时间也会更快。而且，以笔者个人的经验来看，在跨境贸易中，当买家在结束焦急阶段进入行动阶段时，后面的几个阶段会越来越快。了解了这个规律后，卖家就应该清楚地知道，如果在收到买家投诉的时候，尽可能快地给买家反馈是多么重要。

前面的真实案例中，笔者并不是对买家的说法通篇接受，也对买家的投诉提出了自己的质疑，还提出了让自己产生疑惑的具体项目。其实，这在与买家沟通的时候，是引导买家进入下一个阶段，而非拒绝买家的一切诉求，让买家自查。既没有接受买家的投诉，也没有拒绝买家的要求，一切基于事实，但条件是让买家按照卖家设定的一个逻辑来谈判。

卖家发现问题出在自己这边时，不回避问题，而是将问题明朗化，不但自己清楚问题所在，还告诉买家问题所在，将沟通透明化。只有在双方都清楚问题产生的原因时，才有可能在未来将问题彻底解决，否则，第三步我们永远跨不出去。在买家看来，如果不知道出现了什么问题，那就意味着这个问题将一直存在，对产品、对卖家都不可能建立应该有的信任或者信心。况且在洽谈订单的前期，卖家一定花费了大量的人力、物力和财力来构建业务的基本核心：信任。万万不能在合作初期仅因为一个问题而终止接下来的活动。在跨境贸易中，经营一种信任关系的成本远远低于重新构建一种关系，这个账卖家一定要算清楚。

 风险有时也等于机遇

对于某些产品来说，有一些缺陷并不代表产品一无是处，也千万不要因为我们无意间将矛盾激化导致"产品无用"，进而将损失扩大化。很明显，解决方案是通过重新建立信任，给双方一个解决问题的办法。在上述案例中，买家因为卖家及时的反馈，有效的沟通和完全透明的问题分析，对卖家重新构建了信任，而且在这个案例中，涉及的金额超过了 16 万美元。在这样一个金额的背景下，买家其实不仅给了卖家一个机会，也给了自己一个解决问题的机会。要知道，业务只有在流动的时候才有生命力，不流动等于死水一潭。一如笔者在解决这类问题的时候经常会对买家说的一句话：

The business is like the water; if it keeps flow, then fresh water will replace the dirty one and empower itself. Otherwise, the business will die.

如果用恰当的方式处理好投诉，一定能让业务焕发生机。

2.10

如何促进与买家的感情，增加买家信任

有人会说：不能做生意，我们与买家先交个朋友。还有另一种说法：先交朋友，再做生意。

其实这两句话的思维逻辑都来自中国的一句古语：生意不成仁义在！就中国的文化来说，这么说没有问题，然而，对跨境贸易而言，生意的对象是与我们不同的国家，不同的民族，不同的文化，不同的历史，甚至不同价值观的人，这句话的思维逻辑是否同样适用呢？依据笔者多年的经验，如果我们真的认为不能做生意还能做朋友的话，似乎有些天真。当然，我们不能一概而论，因为世界这么大，在不少区域还是存在一些与我们享有相似的文化背景和历史背景的国家和民族。本节内容里，笔者来谈谈卖家通过什么方法来促进与买家的感情，增加买家的信任。

 2.10.1 立场的不同让买卖双方产生了对立

事实上，买家与卖家之间在业务中，永远是"敌对"的状态。

当然，这里说的敌对并不是说买卖双方之间只有对抗，而是说买卖双方之间，一个是花钱，一个是赚钱，在立场上肯定不一样，所以期望把业务与关系不加区分地放在一起去讲，是不现实的。但是，钱本来就是一个标的物，本身是没有价值的，只有在交换的时候才会产生价值，这么来说，买卖这个行为其实就是为金钱创造价值的过程。所以，可以这样理解，如果卖家弄明白与买家之间能创造价值的关键点有哪些，就可以通过实现这些关键点来创造金钱的价值，从而进一步增加创造这种价值的手段和方法。

任何一个买家和卖家都是通过构建生意这个过程来构建相互之间的信任，所以，第一步，卖家要让买家感受到价值的存在，在构建生意的过程中，弄清楚买家想要的是什么。相互信任的两个朋友之间会产生一种默契，就是因为朋友之间相互知道对方想要的是什么，是这个道理，对吗？那买家想从卖家这里得到什么呢？是产品还是服务呢？又或者两者皆有。

既然是业务，作为卖家一定要清楚自己的产品或者服务能给买家带来什么价值。一旦清楚了，接下来的沟通就相对容易。卖家直接把产品或者服务中针对买家的优势告诉买家，让买家知道他能从卖家这里得到的具体东西，从而建立起基本的信任。由此可见，与买家促进感情的实质性第一步就是更直接地把符合买家诉求的信息告诉买家，而不是把买卖双方的沟通变成一种相互猜忌，而且猜忌的结果只会使构建信任的过程变得越来越困难，周期越来越长。

买卖双方的合作是建立在相互获得利益的基础上的

买家想从与卖家的合作中得到什么，还想从与他们沟通的卖家身上获得什么？这是第二个需要我们仔细思考的问题。信任是建立在相互了解的基础上的，因此构建信任的第二步就是展示真实的自己。思考自己能提供给买家什么，自己能否满足买家的需求。当然，在这个方面，笔者指的是自己的专业能力。建议，不要一谈到专业能力就转到了产品专业度或者服务专业度上。产品或者服务如果没有人的参与，它们是没有任何意义的，因此，商业中的产品或者服务的背后，更为重要的是人这个因素。

曾经有很多人和笔者抱怨过，说他们感觉买家在沉寂了一段时间之后，就不想和他们合作，但是，他们并不想失去买家，于是就会给买家发邮件：

Dear friend,

How are you? It's been a long time didn't get your information. We are now sure whether it's a good time for us to start the cooperation, but I think it's OK for both of us if it's not the best time for the business. We'd like to have a friend more than a buyer, so please let us know if you have any further requests. We are ready to provide our best service to you anytime.

Thank you and looking forward to your reply.

Best regards.

这封邮件看上去是不是很熟悉？相信很多人，尤其是入行一两年的从业者都会这样写给一些潜水买家。这么写，乍看上去没有问题，但如果深思的话，就会发现，这种写法没有任何意义。因为卖家需要明确的是买家是否已经得到了他想要的所有信息？或者说，卖家在前期只是"遵循"常规的习惯，对知会买家的信息有所保留，而买家一来没有在第一时间弄明白他能从卖家这里获得什么特别的信息，二来也没有从卖家给的信息中获得足够的参考来帮助他做出下一个行为的决定，因此，多数情况下，这才是导致买家不回复卖家信息的原因。

没做成业务，别想着和买家交朋友

有的卖家认为，买家不联系我们的时候，我们可以时不时地发一些邮件给买家，把新产品信息发给买家做参考，而这无非是一种一厢情愿的做法罢了。笔者一直坚信一点，没有用的邮件，少发为妙。这么做的结果，并不会像想象的那样，被买家关注到，重新找到合作的契机，相反，在很多时候，会成为买家直接把卖家拉进黑名单的理由。在本书中，笔者反复强调与买家沟通的通透性就是要用最直接的方法，把自己的优势坦率地告诉买家，而不要把战线拉长，原因就在于无论是买家还是卖家，都不想把太多时间浪费在猜测上。那么，这一类的"找朋友"邮件会不会让买家觉得亲切，从而和卖家在生意之间交上朋友呢？多数情况下，买家是不愿意回复这一类邮件的。笔者也针对这个问题对几位真实的买家进行了询问，他们近乎统一的回答验证了这一点：

"I don't think it's necessary to make friend with the supplier before the business. I don't have such time to make friend if we don't have any chance to do the business."

笔者一向不太主张在节假日的时候给买家发问候邮件，原因是工作就是工作，生活就是生活。相信有这种想法的买家不在少数，很少人愿意把自己的生活与工作融为一体，一般都会分得比较清楚。那么卖家对于不同文化背景下的买家在不同的节假日或者纪念日是不是就不需要关心了呢？当然不是的。

中国与海外国家不同的一点是，海外的买家喜欢把自己的生活与工作完全分离，而生活的场景里，一般不会牵扯太多的工作因素。他们会更多地把生活的场景放到工作以外的场合中，比如，他们自己的社交账号，如 Facebook、Twitter 或 Instagram，或者其他的平台。在邮件中，尤其是在工作邮件中，他们不喜欢谈及太多生活的话题，而节假日等都属于生活性质的，在邮件中提及这些生活场景化的话题，并不能真正帮助买卖双方构建信任，因此，在重要节日或者纪念日，在他们的社交网络账号下，卖家留下祝福更为明智，也更能引起买家的共鸣。十几年来，笔者不断地在自己买家的社交账号中找与买家直接相关的信息，比如，买家什么时候结婚，什么时候有的孩子，母亲的生日或者其他亲人的纪念日是什么时间等，把发现的这些信息记录到日历软件中，并设定了提醒。每到这些日子，笔者都会在社交账号里通过私聊的方式（也有的是买家愿意 Public 的）

来祝福买家，买家在这些特定的场景和场合里，也愿意与笔者产生互动，然后在与他们进行商业邮件往来的时候，也常常能感觉到买家与笔者说话交流的方式变得越来越"亲密"，就像朋友一样。

是的，你没有看错，"像朋友一样"，笔者认为，这已经是买卖双方能做到的极限了。只要买家与卖家之间还存在买卖关系，"成为朋友"就不再遥不可及。当然，对于一些不是很私人的话题，比如买家所在国家发生一些危机事件，卖家为了维系生意，而对买家嘘寒问暖，并不算是生活话题，反而是建立在让生意比较持久才衍生出来的话题。这就无所谓在哪个场合了，都可以与买家进行沟通和交流，笔者认为并不会带来不必要的影响或者麻烦，买家也是可以分辨出两者之间的不同的。

总之，维系与买家之间良好关系的纽带，一定是利益本身，所以，笔者从不奢望通过个人感情来增进友情，反而是把握住买家的基本诉求，同时通过利益来维护双方的关系。围绕业务合作伙伴的角色小范围地介入双方的生活场景，就很容易让买卖双方之间的信任保持长久。

订单处理

四步助你成为外贸高手

3.1

预示着买家要下单的几个迹象

在跨境贸易中，由于买卖双方在大多数情况下不会见面，借助互联网技术，买卖双方的交流和沟通主要通过电子邮件及其他即时沟通工具进行。除去一部分买家通过自己对产品的了解之后直接在线下单（这种现象在跨境 B2C 及跨境 C2C 的贸易模式中最为常见）外，即便是在 B2B 贸易中，这种趋势也越来越明显。因为在线订单具有可追溯性和更好的交易安全性，除越来越多的国际买家开始认知和青睐这种方式采取直接下单外，还有相当大的比例买家使用传统方式下单。那么在买家做出最终是否下单的决定前，卖家能否第一时间敏锐地察觉到买家有下单的意图或者可能，将直接影响卖家是否可以与买家达成最终的买卖关系，从而实现商品价值交换。

然而，实际情况是，具备这种能力的外贸从业人员是凤毛麟角。因为 B2B 贸易的特殊性，这项工作对外贸从业人员自身的要求是非常高的。也就是说，如果没有三五年的实际工作经验，很难培养出具有这种能力的外贸从业人员。很难说影响这种能力背后的因素是什么，因为每个个体的不同，对于这项能力的领悟能力也会有所不同，同时不同的社会背景和行业，对于这项能力的影响也是巨大的，因此，如果我们把培养这项能力当作外贸从业人员进步的核心来思考的话，就有些不合适。

在本节里，笔者简单地分析了买家在下单前会有哪些典型的表现及行为动作，供外贸从业人员去观察是否出现这些现象，从而更容易把握住买家的动向，尽快地拿下订单，把因为经验不足而带来的"丢单率"尽可能地降低。

"相由心生"这个成语出自佛经中的《无常经》，佛曰："世事无相，相由心生，可见之物，实为非物，可感之事，实为非事。"意思是说，世界上的事物，并没有真实存在的本体，世间万物的外观形态都是由我们的心产生的，心里先有了认知，外物随之呈现。其实，我们并没有必要去纠结这句话的本意如何，笔者对这个词的理解是，一个人内心所想，会通过表情、语言、行动来表达，也就是说，一个人内心在想些什么，那他的外在都会有一定的表现形式。如果套用在业务上，就是如果买家表现出一些行为动作或者语言的话，那么就可以映射到他的内心。

买家在下单前，通常会有一些内心的活动，比如，卖家是不是足够安全可信？商品是不是真的如卖家所说？我付了钱之后什么时候能拿到货？如果出了问题卖家会不会消失不见？订单出了问题卖家会怎样负责？

上述五个问题是不是听上去非常熟悉？其实这五个问题贯穿整个贸易过程，尤其是跨境贸易。买家如果在整个贸易过程中想这些问题，那么，他们在特定的时间里会表现出对这些问题的疑问，这是否意味着买家要进行下一步的行动了呢？依据笔者过往的经验，这种可能性是相当大的。因为一个人在做出一个重大决定前,一般都会回头把过去考虑过的问题重新梳理、确认一次。

 重复一个已经确认的问题时

如果买家在与卖家的沟通中,突然问道:

Let's recap that the products you will provide is CE certificated and you will finish the production within 30 days, right?

当买家再次询问与卖家曾经谈过的某些细节,而这些细节又与笔者上述提到的五点相关联的话,那么说明买家有很大的概率是准备下单了。这时,外贸从业人员最忌讳的是与买家再次讨论这些细节,再次反复强调产品质量如何及如何经得起验证,也不要再次强调自己的生产实力。因为在心理上,当卖家与买家再次重申细节时,又会增加买家对于细节的关注,延缓了买家做出决定的时间。这时,只需要简单地与买家确认他说的话即可,当然,前提是买家所说的确实是在前期已经确认过的。卖家需要记住的是:卖家是解决问题,而不是制造问题。

Yes, exactly, we confirm that.

每当卖家针对买家的问题给出一个"强烈"的肯定时,无形中都是在强化买家的信心。另外,买家如果发下面类似的邮件给卖家,或者和卖家说类似的话时,卖家就要注意了:

I'm going to report your suggestions to our management(buyer), and if he can accept this, we will discuss it further.

这时，买家内心已经确定了订单，只是他需要一些时间（又或者在找一个理由）给自己一个下单的决心。因为，在做出最终决定前，买家需要坚定与卖家合作的信心，只是在某一个方面，或者某几个方面还存在一些疑虑，所以在这时，如果外贸从业人员只是静静地等买家给出最后的答复，基本等于放弃了这个订单。日常贸易中，因此而最终丢失买家的比例占到60%以上。

那么，外贸从业人员应该怎么处理呢？假如买家还缺乏最后一点坚定的信心的话，与其等着买家给自己，不如我们告诉他：

Sure. We believe that the service and the products will satisfy you and your buyer. If there is anything we can do to help you go through all this and make the final decision, please don't be hesitate to let us know. Trust us; we are ready for the next stage.

上述例句中，与等待买家做决定相对应的是，给买家一个引导，帮助买家在服务和产品上坚定信心。既没有太多地去催促买家做决定，又提醒买家与卖家合作关注的点。换言之，重复买家想要的（当然，在回复中可以强调买家反复询问、确认过的关键点是核心），这有助于推动买家最终做出决定。

 3.1.2　让卖家制作一些贸易文件时

除了上述对某一细节再次确认之外，买家还会通过其他行为表明他有可能下单，最重要的肯定就是买家让卖家发形式发票或者在工作中经常说的 PI。但是，买家让卖家发形式发票并不代表买家一定会下单。因为在不同的国家，法律规范不同。有的国家，形式发票只是为了确认订单的细节，而非与卖家确认订单；更有一些国家，由于非常严格的外汇管制原因，形式发票仅仅是一份在进口前向政府相关部门申请支付外汇的文件要求而已。因此，一份正式的采购或者销售合同才在某种意义上代表买卖双方之间的要约成立。正因为合同是买卖双方合作关系的确立，所以合同中的条款和内容才是卖家需要重点关注的，这部分内容，笔者将在下一节中讲述。

事实上，在买卖双方建立正式合作前，买家所表现的行为远不只上面提到的那些，比如，买家突然强调价格、付款方式、目的港、产品生产工艺等，都在一定意义上代表买家对于合作确定性有进一步的想法。如果细讲，也远非这一节的文字所能涵盖的。

各位外贸从业人员在这一节里，只要了解一个最简单的概念，那就是买家不会无的放矢，任何在沟通中或者谈判中提到的关键点，都可以通过卖家细致、用心的"感知"来发现买家的下一步行动。然而，卖家往往会"习惯"性地站在自身的角度去思考问题，这就很有可能错过了最佳时机，最终失去了与买家确立合作的契机。

3.2

签订合同需要注意什么

在上一节内容里，笔者已经提到，当买卖双方需要针对合作达成的意向确认相关细节的时候，就会签订与之有关的文字资料，有很多种形式来确认。有的时候，对于老客户，仅仅"口头"确认就表明合作达成，而买家就会针对已经确认的相关细节进行后续的打款操作。这种情况并非特例，当卖家与买家合作长久稳定后，很大概率会发生。如果是新客户，刚开始合作的话，这种情况就极少发生，一是买家对于卖家还没有建立相应的信任；二是买卖双方都需要通过合作来确立采购/销售要约的成立。

当买卖双方需要确立合作要约的时候，根据不同卖家的习惯及不同买家所在国的习惯，会使用不同的文件形式，比如，笔者上文中提到的 PI 或者形式发票，Sales contract（站在卖家的立场起草给买家确认）或者 PO（Purchase Order，站在买家的立场起草，并发给卖家确认）。不同的文件形式，卖家在文件中需要注意的关键点大致是一样的，但也有一些例外的情况。

很多情况下，跨境贸易的风险就来自这些看似普通，从合同起草之初来看，并不会影响订单执行的关键点，所以，买卖双方在确认合同的时候，必须有针对性地建立一套合同审核机制，以避免在合同执行过程中产生不必要的风险或造成不可挽回的经济损失。在本节中，笔者会针对这个方面，帮助外贸从业人员建立一套与之相关的机制。

 在合同中详细具体说明产品

外贸从业人员需要注意的第一个问题是要确认商品本身。在任何一个合同中，标的物往往是最重要的部分，因此，在合同中如何清晰、精准地描述出标的物是外贸从业人员首先要考虑的。然而，在商品描述环节，许多外贸从业人员并没有非常重视，比如，外贸从业人员不可以简单把服装描述成 Cloths 或者 Garments，要清楚明白地将服装的面料、辅料、颜色、款式及面料的具体组成、辅料中所包含的品牌（如果有要求）、材质、尺寸等做具体说明。不仅如此，在颜色上，还有很多讲究，比如，在服装这个行业通用的 Panton 色，就是需要具体标明色号，款式则要具体到与买家确认过程中所谈到的款型，并在合同附件中附上与之对应的设计图或者图样，在必要的时候还需要通过对等样（Counter Sample）来规范具体的要求等。

当然，在不同的行业，对标的物的描述要求也不尽相同，简言之，就是在合同中对产品进行描述的时候，要尽可能多、尽可能详细。无论买家还是卖家，都不希望在合同执行过程中，或者执行后对产品的质量产生异议。所以，当纠纷发生时，解决纠纷的最好方式无疑是通过在合同中已经确认的细节来一一校验，否则就会发生这样或那样的冲突，最终加大了与买家之间的不信任感，严重的不但产生经济纠纷，还会导致丢失客户。俗语说：丑话说在前头，就是这个道理。

 3.2.2　贸易术语清晰准确

外贸从业人员需要注意的第二个问题就是在合同中使用标准的贸易术语。在国际贸易中，任何一句话都是对双方贸易进行了相当准确地规范，即使最简单的价格表述也是如此。卖家在表示一个价格的时候，通常会使用 FOB、CFR 等贸易术语，但是，在过往的工作中，无论是在报价阶段还是在合同起草阶段，笔者发现许多外贸从业人员并没有使用规范的方式来表述价格。诸如 FOB 200.00 USD，或者 CIF 200.00 USD 这样的表述方式比比皆是。

其实 FOB 只是一个贸易术语，在它的后面如果没有规范发运港口的话，FOB 要定义的费用是无法界定的，因此在使用 FOB 这个贸易术语时，需要附带启运港，比如，FOB SHANGHAI/NINGBO USD 200.00 PER PIECE。是的，有的时候，在合同中外贸从业人员甚至会把基础单位忘记。如果忘记了这些，就有可能在合同产生纠纷的时候，让自己处于非常不利的地位。换句话说，就是在签署合同的时候，要把所有可能产生误解或者歧义的内容都"消灭"掉，不让它/它们成为风险的起始点。

 3.2.3 任何与合同相关的金额都不要带有歧义

外贸从业人员需要注意的第三个问题就是合同总价。在起草合同的时候，既然有单价和数量，那么就一定会有一个总价。一方面，总价会帮助买卖双方对合同的总金额有一个相对直观的了解，方便双方确认相关的款项；另一方面，如果缺失了总价，就有可能造成合同被"恶意"篡改，所以说，合同总价也是对合同总金额进行约束的条款。同时，为了降低合同金额被篡改的概率，应该对合同总价进行"大写"化。比如，USD 12500.40 是合同总价，那么在总价一栏一定要将它大写为：SAY US DOLLAR TWELVE THOUSAND FIVE HUNDRED AND FORTY CENTS.。

外贸从业人员在付款方式上还需要谨慎处理，因为这会直接关系到我们收到合同款的时间和影响整个合同的风险。具体在什么情况下采用何种付款方式，笔者在这里暂且不探讨，只说这一项内容的重要性。笔者建议，如果采用 T/T 付款方式（Telegraphic Transfer）来进行的话，对于预付款或者全款都要有明确的说明，包括时间，否则都会对合同产生误读。比如：

30% pay by T/T in advance as deposit and 70% pay by T/T within 15 days against the copy of bill of lading.

又如：

100% pay by T/T in advance within 7 calendar days since the contract (PI) issued.

把具体时间写入合同中，会让卖家与买家进行沟通的时候更有规划，而不是简单地描述付款方式。如果不是采用 T/T 付款方式，而是采用信用证（Letter of Credit，L/C）付款方式，外贸从业人员在表述的时候就应该写明信用证的类型及具体的开证期限。

 3.2.4　将收款人写明白

笔者上述讲到了付款方式，与付款方式直接相关的就是收款人信息，这是外贸从业人员需要注意的第四个问题。一般来说，合同的起草者，也就是 Seller 与收款人是同一个，但是有的时候，也会有所不同，那就不要忽略 Beneficiary（受益人）这个条款；同样地，如果采用信用证作为付款方式的话，受益人在信用证中也是最重要的一个内容，因此在合同起草中，无论是哪种付款方式，Seller 与 Beneficiary 都要清晰地注明，与之对应的收款人或者受益人的账号也要写明白。当然，如果受益人与 Seller 不一致，为了避免麻烦，笔者建议可以在合同的最后一条特别备注一下，说明受益人与 Seller 的关系比较好，或者是简单地通过"The beneficiary is designated as the seller's official business body. Any payment transfer to the beneficiary is considered as the payment within the agreement."这样的语句来注明，让买家在付款时少一些不必要的顾虑。这种顾虑通常不是来自买家自己，而是来自买家的付款银行。

 准确的交货期

外贸从业人员要注意的第五个问题是交货期。在国际贸易中，大部分贸易纠纷都是由于交货期而产生的。这并非卖家"恶意"延迟交货，而是由于在合同中没有充分说明交货期而产生的。在交货期这项条款中，外贸从业人员要明白两个概念，一个是发货期，也就是 Delivery Time；另一个是 Lead Time。很多外贸从业人员都没有分清楚这两个概念，在英文翻译中，这两个词组的翻译是一样的，都是交货时间，但是 Lead Time 更多的是用于完成生产准备发货，而 Delivery Time 则是指货物已经装车准备发运。两者在流程逻辑上有本质的区别。卖家可以控制生产周期，也就是说，卖家知道什么时候完成生产，但是完成生产后并不是马上就运走。卖家需要先订舱，然后再由船公司分派舱位预约拖车进仓，所以在这个过程中是有一个时间周期的。根据运输方式的不同短则一两天，长则一周甚至更久。外贸从业人员在合同中说明交货期，或者在报价阶段，就要明确 Delivery Time 和 Lead Time 两者之间的不同，并给出一个相对精准的时间，用更精准的表述来说明是用 Delivery Time 还是 Lead Time。另外，外贸从业人员一定不能忽略 Shipping Date［指船开的日期，或者 Departure Date（如果是空运）］，它才是准确的货物运出的日期。由于国际贸易对时间把控的严谨性，这就决定了我们在合同执行的日期上要有更严格的界定，不可以掉以轻心。如果轻视了这一点，与买家大概率会产生误解，而且，这个周期又和贸易条款相关联，比如 FOB 或者 CIF 贸易条款。如果采用 DDP 或者 DAP 贸易条款的话，时间要求会更严格。

3.2.6　永远记得给双方留有余地

外贸从业人员要注意的第六个问题是溢短装。大多数情况下，中国的卖家还是以按订单生产的模式来从事跨境贸易合作的，所以，在大多数行业中，良品率会导致最终生产出来的产品数量与订单要求的数量不相符的情况。如果是一般性产品，生产多了，只需卖家进行内部消化或者转卖即可。然而，对于定制化的产品，尤其是有品牌销售限制的产品类型，卖家是没有权力将产品销售给除了买家之外的其他买家的。又或者一些定制类产品，除了合作买家之外，规格或者型号都不适用于其他买家和市场，这就给卖家带来无谓的库存，占用了现金流。所以，外贸从业人员在签订一份订单的时候，溢短装条款就显得很重要。

溢短装条款（More or Less Clause），指的是规定的交货数量可在一定幅度内进行增减。具体增减多少数量，这取决于与买家的沟通。在订单未签订之前，与买家就溢短装进行确认是相对容易的，毕竟没有产生任何成本和费用。如果在订单签订后再去增减货物数量，就会变得非常困难。因为跨境贸易中，需要考虑的因素很多，其中运输物流成本就是重要因素之一。任何买家在采购前，都会对物流费用进行非常仔细的评估，而且不同的国家，在物流上的规定也不尽相同，比如说，每个集装箱的最大重量在不同的国家要求是不一样的。卖家需要在确认订单前，仔细评估生产时，在数量上可能产生的溢短，与买家确认后，将该条款写到合同里去。这样，一旦出现数量增减的情况，则可避免发生不必要的消耗。虽然很多时候，即使在合同中标明溢短装条款，买家口头上还会不断强调，要求卖家尽量不要产生溢短的行为。有了这个条款，无疑对买卖双方来说，都是一种约束，也是一种保障。

 ### 3.2.7 合同的唯一性很重要

最后，合同号是合同很重要的部分。合同号的唯一性，决定了不同的合同与买家之间的唯一性，因此，在公司内部，一个完善的合同号管理机制对避免从生产到与买家确认合作来说都是极其重要的。一般来说，可用"公司名缩写＋日期＋客户缩写＋序号"来建立合同号的唯一性。当然，这不是绝对的，外贸从业人员各自发挥想象力，制定既好记又唯一的管理方法即可，笔者这里不再赘述。

合同是买卖双方之间重要的契约文件，要注意的地方也会根据行业的不同和合同标的的不同而千变万化。本节里，笔者只把常规合同中需要注意的地方做了说明，其他地方还需要外贸从业人员根据实际情况具体处理。

3.3

信用证（L/C）作为付款方式需要注意什么

信用证是国际贸易中非常常见的一种付款方式，与 T/T 相比，信用证更加严谨，相对也复杂得多。在国际贸易中，比较常见的是通过 T/T 方式付款，主要是因为 T/T 付款方式的便利性。但通常来说，一项事物规则越简单，漏洞就越多，规则越复杂，漏洞就越少。

信用证，是指银行根据进口人（买方）的请求，开给出口人（卖方）的一种保证承担支付货款责任的书面凭证。在信用证内，银行授权出口人在符合信用证所规定的条件下，以该行或其指定的银行为付款人，开具不得超过规定金额的汇票，并按规定随附装运单据，按期在指定地点收取货物。

从信用证的解释可知，信用证是一种建立在凭证基础上的银行签的付款方式。为了便于理解，笔者用自己的话来说，信用证本质上是基于两个银行之间的一种信用的"交易"，由开证行开具一份凭证，授权卖家在这份凭证规定的条件下，将凭证中所注明的产品出口，当开证行收到出口人按规定出口货物后所获得的在凭证要求中所需的单据后，根据凭证中所规定的金额来付款给出口人指定的银行的一种行为。

信用证有很多种类，比如，跟单信用证、光票信用证。以开证行的责任为依据，还可以划分为不可撤销信用证和可撤销信用证等。然而，随着信用证规范的不断进步或者国际贸易的变化，导致我们通常接触的信用证种类越来越少。一般我们现在所说的信用证，如果没有特殊说明，指的就是不可撤销的跟单信用证。

而所谓跟单信用证，是指凭跟单汇票或仅凭单据付款的信用证。此处的单据是指代表货物所有权的单据（如海运提单等），或证明货物已交运的单据（如铁路运单、航空运单、邮包收据）。而不可撤销的信用证一经开出，在有效期内，未经受益人及有关当事人的同意，开证行不能片面修改和撤销。只要受益人提供的单据符合信用证规定，开证行必须履行付款义务，这也在一定程度上确保了现阶段的信用证在满足信用证中相关条款的前提下，风险是可控的。这也意味着，作为商业信用存在的 T/T 付款方式是基于买卖双方的信用，是具备不可确定性的，也没有规范可言，但是作为银行信用的信用证，基于银行的信用，反而在国际贸易中风险更可控。

既然信用证的风险相较于 T/T 来说更低，为什么外贸从业人员不广泛采用信用证，而采用 T/T 呢？除了上面笔者提到的 T/T 的资金具有灵活性之外，信用证还会受到开证费用，开证行自身的信用及不同银行、不同国家对信用证条款的要求上的制约，不是所有国家或地区都可以采用信用证作为付款方式。即使某些国家和地区可以接受信用证这种付款方式，但也会因为合同金额或者其他一些原因导致买卖双方不能采用信用证作为最终的付款方式。在本节里，笔者讨论一下采用信用证作为付款方式，或者外贸从业人员想采用信用证作为付款方式时，需要注意的一些问题。

信用证之所以能成为银行信用的凭据，一定基于一个被国际广泛使用的规范，这个规范被称为跟单信用证统一惯例（Uniform Customs and Practice for Documentary Credits，UCP），是国际银行界、律师界、学术界自觉遵守的"法律"，是全世界公认的、到目前为止最成功的一套非官方规定。70 多年来，160 多个国家和地区的 ICC 和不断扩充的 ICC 委员会持续为 UCP 的完善而努力工作。目前最新的规范版本为 UCP600，取代了已经使用 13 年的 UCP500 规范。具体规范的全文其实并不复杂，外贸从业人员可以通过搜索或者从银行的国际事业部获得，笔者在这里不做过多解释。事实上，关于信用证的绝大多数问题都可以在 UCP600 找到对应的解释和说明。

上文中，笔者提到了不是所有的订单都使用信用证作为付款方式的原因，其中有一个内在原因，就是在中国，许多企业都没有使用信用证的经验。因为信用证是基于单据的，而外贸从业人员对于信用证可能存在的风险不熟悉继而产生一种陌生的"恐惧"。其实大可不必，只要外贸从业人员了解了信用证背后的逻辑，信用证作为付款方式还是很简单的。

既然是跟单信用证，那就意味着在采用信用证作为付款方式时，信用证中所规定的单据是最重要的。有一种说法，用信用证作为付款方式时，认单不认货。也就是说，如果可以把信用证要求的单据做到"完美"，在 UCP600 规范中，开证行是一定要付款的。然而，遗憾的是，在一部分信用证中，买家正是通过单据来"做文章"，让作为受益人的出口商在单据上无法做到完美。这样，根据 UCP600 的相关规定，开证行就有权拒绝偿付相关的款项。在国际贸易中，笔者通常把这类可能产生单据做不到的风险称为"软条款"。由此看来，如果外贸从业人员能准确地识别出信用证中可能出现的"软条款"，就可以最大限度地降低将信用证作为付款方式时所产生的潜在的偿付风险。那么，在信用证条款中，有哪些常见的"软条款"呢？

非常明显的一种是，在信用证中，针对单据要求的主要条款 46A 和 46B。在信用证的 46A 条款中，如果有一条针对提单的要求，一般来说，信用证是一种特权凭证，因此，船公司提单是必需条件之一，而要拿到船公司提单，受益人就必须是支付海运费的那一方。当然，也有一些特例，就是在买家对卖家完全信任的情况下，也会将船公司提单提供给卖方。在这里，笔者先不讨论这种特殊情况，只讲一些常规情况。信用证是一种付款方式，那就意味着在开信用证之前，买卖双方一定会签合同。在合同中，买家与卖家谈定的是 FOB 的贸易条款。FOB 条款中，是由买家支付海运费的，所以，按照常规来说，卖方是无法取得船公司提单的。如果在信用证中要求船公司提单，导致的结果就是卖家无法提供船公司提单。对于这张信用证来说，卖家的风险就产生了。当然，这种情况非常明显，只要通过简单的审证就能发现。

更多的情况是，信用证中要求的单证太具片面性。比如，在 46B 条款中，要求卖方在信用证交单时，一并提交由买方指定的验货人提供的验货报告，而且要对方签字的验货报告。这种情况就比较具有"欺骗性"。从字面上看，对方指定人来验货是很合理的，但是，当货物生产完成，买家迟迟不安排验货，或者说买方不提供签字的报告，对于卖家来说就会陷入被动的处境。根据规范，如果信用证所涉及的单据完全符合信用证的要求，开证行必须无条件偿付相关金额；反之，开证行有权立即终止偿付。

再如，在信用证中，对于信用证的有效期、开船期、交单期都有非常明确的规定。如果卖家对单据的取得存在不可控性，就会影响这些期限，也会造成信用证过期等风险。对于信用证来说，每一条都很简单，描述也很好理解，但是，如果各个条款综合来看的话，就会引发一些联动效应，这才是造成信用证风险的最大诱因。

由此来看，是不是信用证就尽量不采用了呢？完全不需要。事实上，以上的种种，大都是可以通过初期的审证来发现的。对于需要采用信用证作为付款方式的卖家来说，最重要的是在风险还没有产生之前就扼杀掉。解决的办法也很简单，就是在信用证开出之前，对信用证进行初审。还有一种情况，就是信用证是基于银行间的信用，那么，对于开证行的信誉就需要先行审核。通过国内各大银行都可以采集到开证行的资信状况。也就是说，如果开证行能通过国内通知行的审核，那么，为了银行自身的信用，一般情况下，开证行不会冒险去做恶意拒付的事情。当然，单据中产生不符点的情况除外，因为在 UCP 中有明确规定，银行可以依据这个规定做出拒付的行为。为了避免这些问题，外贸从业人员可以这样做：

第一，外贸从业人员可以要求买家提供开证行的信息，以便于我们对开证行的资信先行调查。一般情况下，买家都会提供。

第二，外贸从业人员可以要求买家在开证前提供信用证的草稿，以便于提前知道对方银行会要求什么单据。

第三，信用证是一种付款方式，但也是基于商业使用的，所以，外贸从业人员对于信用证的条款是可以修改的，并不是买方说什么，卖方只能被动地接受。卖家对于信用证上可能出现的风险都可以与买家一一落实并在信用证上体现。因为每一次修改信用证都会产生费用，而且费用不低，所以尽可能在信用证开出之前就把所有要修改的内容都修改完，这样才能有效地降低采用信用证付款方式的成本。

第四，寻找一家业务能力比较强的国内银行作为信用证的通知行。银行比卖方的经验更丰富，可以从信用证的最初阶段就帮助卖方发现和预防信用证带来的风险。

以上四点，仅是针对信用证可以开立的国家和地区及银行而言的，那么对于一些国家和地区，由于国家信用的问题，他们的银行同样不具备信用资质。在这些国家和地区，如果买卖双方之间的信用不是很强，笔者建议在采用信用证支付方式时要慎重。

海外与国内还有很大一点的不同就是，在海外很多银行是私营的，也就是个人的，规模不大。笔者从个人经验来说，这类银行不是不可以接收信用证，从根本上来说，信用证只是一种付款方式，无论哪个银行，最终都归咎于买家的诚信。所以，在 UCP 中也有相关的规定，一旦买家从银行取得信用证相关的单据，无论是否存在不符点，开证行都需要偿付信用证金额。从这点我们可以看出，信用证风险的大小，从某种方面来看，取决于买家的诚信，也就是说，只要买卖双方能达成协议，信用证也是可以修改的。即使开证行提出不合理的要求，受益行也是可以提出反驳的，这是一个双向的过程。况且，信用证基于银行之间的信用具有天然的优势，相较于完全基于商业的 T/T 付款方式来说，反而更安全。当然，对于一部分不太适合直接开证的国家或者银行，在信用证中也有相应的办法，比如保兑行出面开证等，笔者在这里就不展开阐述了。

总之，外贸从业人员不必因信用证比较复杂而感到担忧，只要坚持一个原则，就是一切都基于事实，不忽视信用证中哪怕最微小的一个点，自然就可以很顺利地通过信用证来完成相对比较大的金额的交易。

3.4

银行托收（D/A，D/P）分别是什么
付款方式，需要注意什么

前一节，笔者讨论了一些关于信用证的问题，这一节，笔者来介绍在订单处理阶段关于 D/P 和 D/A 付款方式的内容。

为什么笔者要讨论这两种付款方式，其实原因很简单，这两种付款方式与信用证有很大的相似性，但在处理过程中，又与信用证有着很多的不同。

D/P 是指付款交单，它是经济贸易中交易付款方式的一种。具体而言，就是出口人的交单以进口人的付款为条件，即出口人将汇

票连同货运单据交给银行托收时，指示银行只有在进口人付清货款时，才能交出货运单据，凭货运单据方可取货。

D/A 是指承兑交单。具体而言，是指出口人的交单以进口人在汇票上承兑为条件，即出口人在装运货物后开具远期汇票，连同商业单据，通过银行向进口人提示，进口人承兑汇票后，代收银行即将商业单据交给进口人，在汇票到期时，方履行付款义务。

 3.4.1　D/P 与 L/C 的不同

从这两种付款方式的定义上来看，是不是与信用证（L/C）的处理方法有点相似？没错，无论是信用证，还是本节讲到的这两种付款方式，都与国际贸易中最重要的"物件"——单证有关。在实际工作中，与其说国际贸易是国际间的货物贸易，不如说是国际间的单证贸易。无论哪种付款方式，虽然买卖双方交易的是商品，但本质上，都是在交易代表着商品物权的单证。事实上，许多从业者的职业生涯中，见到实际商品的概率很低，但是对于代表着实体商品的单证却一个都不少，尤其是对涉及一些大宗贸易的从业者而言，更是如此。可以这么说，业务越大，见到商品的概率越低，当然，不能一概而论，这只是通常情况而已。

如果说信用证是基于银行信用的一种付款方式的话，那么 D/P 和 D/A 付款方式就是完全基于买卖双方的商业信誉。因为 D/P 和 D/A 这两种付款方虽然与信用证付款方式一样，都会经过银行转手相关的单证，但是，银行是不承诺付款责任的。银行在支付过程中只扮演了"代理"的角色，这一点，其实与 T/T 付款方式是一致的，不同的是 T/T 付款方式中，买卖双方只需要银行提供转账结款的服务，而在 D/P 和 D/A 付款方式中，银行多了单证提示、转交的服务。

有了 T/T 付款方式，为什么笔者还要讨论这两种付款方式呢？这就不得不说说在国际贸易中资金的先后问题。一般贸易中，卖家都会要求先交一部分定金，来确保买家有真实的购买意向，也在一定程度上用这部分资金来缓解生产的成本压力，但是，并不是所有情况下，买家都有充足的现金流来做这样的买卖。当买家现金流不足，但是市场需求旺盛，不想错过商机，并希望将支付相关款项的时间相应地延长一些时，如果卖方此时的现金流足以支撑生产成本，而买家的商业信誉又足够好的话，卖家就可以通过这两种付款方式来适当给予买家一定的资金支持。此时，如果单纯通过 T/T 付款方式，是不足以保障卖家的利益的。

试想一下，卖家用自己的资金完成了生产，并且将货物无条件地运给了买家，此时，买家具有绝对的主动权，是否支付货款，完全取决于买家。如果买家用各种理由继续拖延付款的话，对于卖家来说是不是就绝对不利了？这种业务，无论是哪个卖家都不愿意接受，风险过于巨大，即使订单再大，卖家也不敢接。这就引出了如何保障付款时间的问题。

3.4.2 D/P 的价值在哪里

D/P 付款方式之所以被称为付款交单，就是因为买家如果想要拿到单证的话，就需要向银行支付相关的货款。此时，银行收到了货款，就可以安排将款项汇给卖家。笔者简单地打个比方，如果按照 T/T 付款方式，买家要买货就需要支付定金，从收到定金到完成生产耗时 20 天，再将货物运给买家需要 30 天，前后一共 50 天。按照理想情况来计划，买家从支付定金到支付余款，需要 30 天左右（按照生产完成立即发货、立即取得提单来算），那么剩下的 20 天，买家处于等待阶段。换句话说，就是买家支付了 100% 的货款后，还需要等待至少 20 天才能收到货物，这是物理距离决定的，无法加快。如果采用 D/P 付款方式，那就意味着，在这等待的 20 天里，买家可以利用原本需要支付的货款来做一笔只需要 30 天就回款的业务。又或者，买家在拥有比较高的商业信誉的情况下，完全无须提前支付定金，只需在货物到港前，到银行支付货物全款即可。这就为买家争取到了 40～50 天的灵活用款时间，对于改善买家的现金流有很大的好处。当然，这种付款方式也存在很大的风险，如果买家在货物到港后，不去银行支付货款，也就是通常所说的赎单，对方银行是没有支付义务的。换言之，卖家除了想办法把货物在当地处理掉或者运回来之外，是很难找到解决办法的。

3.4.3 D/P 的风险在哪里

与 D/P 付款方式略有不同的 D/A 付款方式，风险会更大，因为 D/A 付款方式从定义上看是承兑交单。也就是说，对方银行收到货物单据后，会直接将单据交给收货人，同时向出口人开具一份承兑汇票，承诺在一定期限后将相关的款项支付给卖方。这个期限是多久，取决于买卖双方达成的共识。一般来讲，不会少于 30 天。如果在这个期间，买家出了商业问题，卖家只能自求多福。因此，在国际贸易中，D/A 付款方式是很少采用的一种付款方式，其风险性决定了并不是所有买家都有能力采用。

与 D/P 付款方式一样，D/A 付款方式同样基于进口人的商业信誉。如果买家的商业信誉良好，也可以采用 D/A 付款方式，只是其中存在的风险，作为出口人，或者说卖方，一定要清楚地知道。

在笔者看来，付款方式的多样化，一方面让商业变得更灵活，另一方面也是在解决商业交易中出现的实际问题。说到底，无论哪种付款方式，都是围绕着现金流做文章。只要涉及业务，其实都是在与现金流打交道，而采用何种付款方式，也都是基于如何更有效地利用现金流，将现金流的投资回报率最大化。如果了解了这个逻辑，那么，对于一个外贸从业人员来说，在选择付款方式上就会更灵活机动，也有更多的谈判筹码。

比如，卖家一般采用 T/T 付款方式，那么，当买家具备足够的商业信誉时，卖家可以接受诸如 D/P 或 D/A 付款方式。但是，当卖家清楚地知道采用这些付款方式要解决的问题是现金流的问题，就可以将现金流的成本"转嫁"到买家身上。毕竟，买家在选择付款方式时，势必也会考虑到成本问题，所以，卖家可以适当地提高销售单价。反之，如果卖家说服买家采用对自己的现金流有利的付款方式时，卖家也可以通过降低销售单价来适当降低买家的现金流成本，这对于买卖双方来说，才是一种公平的谈判机制。

在合作中，不可避免地涉及付款方式的谈判，只有掌握了核心问题，卖家才有可能使合同从谈判到执行的过程变得更为合理和顺畅。

3.5

到底能不能用赊销（O/A）作为付款方式

O/A 的全称是 Open Account Trade，这是一种赊销的付款方式。一般在注明这种付款方式的时候，都会使用"OA + 天数"的格式，比如，OA 30 days，即指当买家收到货物 30 天内支付货物的相关款项。

在国际贸易中，卖家很少采用这种付款方式，因为这种付款方式对于卖家来说，风险极大。这种付款方式下，卖家需要无条件地将货物生产完成后直接运给买方，并将相关的单据直接交由买方，买家收到货物后再行支付货款。这就意味着，卖方在双方约定期限到期前对货物完全丧失了物权。如果买家到期之后拒绝支付货款，卖方将毫无办法。因此，公司海外办事处或者海外的子公司多采用这种付款方式，一般贸易很少采用。

但是，正如上一节笔者提到过的，付款方式之所以出现多样化，是在于解决不同情况下现金流的利用率问题。如果在一定保障的前提下，即使风险极高的O/A付款方式，也不是不可以采用的。如果采用O/A付款方式，对于买家现金流的利用率问题，是相当有利的。在特定情况下，如果采用O/A付款方式，对于卖家迅速提高产品在市场的占有率有巨大优势。正如笔者所说，如果采用O/A付款方式，将带来很高的风险，那么在本节，我们需要考虑的其实不是这种付款方式的风险，而是如何降低使用这种付款方式所带来的风险。所谓富贵险中求，并不是一味地冒着风险做业务，而是尽可能地降低风险。

3.5.1　利用中信保降低风险

众所周知，出口商在办理货物运输的时候，会购买一份保险，但是，却很少有人知道，在各个国家都存在着针对出口货物的保险，中国也不例外。中国出口信用保险公司（通常简称"中信保"）是由国家出资设立、支持中国对外经济贸易发展与合作、具有独立法人地位的国有政策性保险公司，于 2001 年 12 月 18 日正式挂牌运营，服务网络覆盖全国。中信保通过为对外贸易和对外投资合作提供保险等服务，促进对外经济贸易发展，重点支持货物、技术和服务等出口，特别是高科技、附加值大的机电产品等资本性货物出口，促进经济增长、就业与国际收支平衡。主要产品及服务包括：中长期出口信用保险、海外投资保险、短期出口信用保险、国内信用保险、与出口信用保险相关的信用担保和再保险、应收账款管理、商账追收、信息咨询等出口信用保险服务。

既然是一家政策保障性的保险公司，那就意味着中信保与其他商业保险公司最大的不同就是它不是一家以营利为目的的保险公司，它存在的意义在于尽可能地保障中国出口商在进行出口贸易时，由于采用不同的付款方式在不同的国家和地区进行合理合法经营活动时却遇到非法拒付的风险情况下，提供一定程度的保障，尽可能地降低由于这些风险所带来的损失。如果卖家对此有了基本了解后，对于采用不同的付款方式就可以做到风险可控。

3.5.2 中信保的基本流程

对出口订单进行中信保保障之前，卖家需要了解中信保的基本业务流程。与其他商业保险公司不同的是，中信保在承保任何一个订单前，需要对订单的双方进行资信调查。当然，中国出口信用保险公司在某种程度上肯定是站在中国企业这一方的，因此，对于买家的资信调查就显得尤其重要。是否能承保某个订单，最大承保金额为多少，这取决于买家的资信。一般来说，出口方在对某个订单或者一系列订单进行保险业务操作之前，都需要提供买家的具体信息。一般中信保会花费大约两周时间通过各种维度对买家在当地的资信情况进行调查，包括对该买家在中国过往的商业轨迹进行评估，出具评估报告，并根据该评估报告给出该买家的最大额度。此时，卖家就可以在这个额度之内与买家达成各种条约中可接受的付款方式。如果合作期间出现了收款困难，或者买家拒付的风险，卖家报险，中信保会通过一系列手段协助卖家催收，在催收无果的情况下，则会根据不同的国家和地区及具体情况对卖家造成的现实损失进行约定比例的赔偿，并且这个比例相当高。卖家无须对这家保险公司存在任何疑虑，需要考虑的是买家的信用额度、采用何种付款方式和买家所在国的赔付比例。

除了采取这些保障措施之外，卖家使用商业变通手段也可以尽可能地降低自己的风险。比如，卖家让买家交付一定金额的定金作为固定定金（或者说押金）。原则上，该笔定金存储于卖家账户不动的情况下，买家每次采购以不高于该定金总额或者在可控比例内超过一部分，卖家直接发货给买家，而每次买家只有在支付完已发货全额后才能进行后续的订单。这样卖家可以在与买家完成友好沟通，并取得买家认可的情况下，在闲时将定金积累起来，在忙时提高采购效率，以达到提高资金利用率的效果。当然，这取决于买卖双方的合作程度，并不是所有情况都可以用这种方式来洽谈，笔者这里仅提供一种手段供外贸从业人员参考。

在国际贸易中，付款方式并非一成不变，也存在很多"变体"，比如 T/T + L/C 付款方式，T/T + OA 付款方式等。外贸从业人员应该灵活地利用各种付款方式来解决交易中的问题，而不是一条路走到底，要善于在千变万化中寻找一条走得更"顺畅"的路。

3.6

买家验厂，外贸从业人员该怎么做

2020 年一场突如其来的新冠肺炎疫情，将线下跨境贸易"摧毁"了，而卖家与买家面对面交流、洽谈的机会也被无情地"断绝"了。随之而来的是一套全新的业务逻辑，以及跨境的新方法。简单来说，无非就是准备充分，切实把与买家落实的细节做到位，迎接买家的到来，但现在传统意义上的验厂行为已经行不通了。

本节里，笔者结合新形势，来简单分析比较一下传统线下验厂与线上手段，同时在这期间，发现一些新的思路，用来应对"未来"的业务逻辑，让买卖双方透过现象，看到本质，抓住根源，利用这次"天灾"来打造一套全新的模式。

3.6.1　买家验厂验的是什么

谈到验厂，笔者不得不谈买家为什么要验厂，买家验厂验的是什么。验厂又叫工厂审核，俗称查厂，简单地理解就是检查工厂。买家为什么要验厂呢？因为在不同的国家，对于供应商的要求不尽相同，这导致的结果就是仅仅某一项的验厂就会存在多种验厂的标准和审核内容，比如官方所称的社会责任审核（又称社会责任稽核或社会责任工厂评估），分为企业社会责任标准认证和客户方标准审核。在这里，笔者只把焦点集中在买家验厂的原因上。

对于一些大型买家，比如沃尔玛、迪士尼、耐克、家乐福等欧美国家的服装、制鞋、日用品等集团公司，在准备与中国或者其他国家的某一家生产商建立合作之初，就会进行直接的验厂。原因是在欧美国家的这类上市公司，他们的管理和任何一个环节如果出现问题都会牵涉股价或者口碑，从而导致市值发生变化，所以欧美国家的这类大型集团公司会特别注意验厂这一环节。

社会责任标准认证是直接可以参照的审核标准。社会责任标准"SA 8000"，是 Social Accountability 8000 International Standard 的英文简称，是全球首个道德规范国际标准。其宗旨是确保供应商所供应的产品，皆符合社会责任标准的要求。SA 8000 标准适用于世界各地，任何行业，以及不同规模的公司。其依据与 ISO 9000 质量管理体系及 ISO 14000 环境管理体系一样，皆为一套可被第三方认证机构审核的国际标准。在这一标准认证中，主要认证的是以下几个方面内容：

- 童工；

- 强迫性劳工；

- 健康与安全；

- 组织工会的自由与集体谈判的权利；

- 歧视；

- 惩戒性措施；

- 工作时间；

- 工资；

- 管理体系。

笔者以这个标准的核验为例来做简单的讨论。在学术界，有人认为 SA 8000 标准其实与中国的相对廉价劳动力是相悖的，会影响中国出口贸易的人力成本，但是，相较东南亚部分国家，中国的劳动力成本并非最低。抛开学术的层面，笔者更愿意理解为这个标准是站在买家自身利益的诉求基础上来约束供应商的行为的，以保证供应商没有在"非法"或者非人道的情况下生产和提供商品。事实上，绝大多数中国企业是围绕着这个标准去执行自身的经营和管理的，并不存在违反以上标准的行为。当买家自己或者通过第三方对供应商认证以上内容时，只是为了确定供应商的内部管理是否规范。而这些，并非所有的工厂都能"显性"地提供给买家检验，这也是很多中国供应商在尝试与大型商业集团合作时碰壁的原因之一。

中国人讲究的是内敛，而不是张扬，但是，海外买家讲究的是直接表现。对于验厂，如果在文书及工厂的"表象"上做到以上种种要求，对买家来说可以在一定程度上解决检验问题。笔者这里讨论的并不是指上面提到的大型商超，而是指一般买家。因为一般买家并不具备这样的实力去一项一项地完成对一个供应商的审核，所以，表象化的呈现，尤其是基本符合以上标准的表象化，能大大提升买家的信任感。对于外贸从业人员来说，没有能力去改变所在企业的管理，但是可以显性化地将了解到的标准具象化给买家，通过非线下手段向买家展示细节，这就达到了买家验厂的目的。

 如何将验厂"线上化"和"常态化"

　　在跨境电商平台，几乎所有的业务逻辑都是建立在互联网的基础之上的，因此，互联网平台可以提供的技术手段也是卖家可以利用，诸如在线验厂、VR验厂等，其实都是实现如何具象化表达标准细节的过程。作为卖家，执行验厂协助的，一定是相关的外贸从业人员，因此，如果外贸从业人员不了解验厂的实质，而仅仅是站在技术层面，将过程具象化，而不是标准具象化，无论采用何种技术手段，都无法解决验厂的基本诉求，验厂的结果肯定是不会通过的。

　　从另一个角度来讲，过去的验厂是由买方提出要求，卖家做出安排之后才进行的，但是卖家要明白，在跨境电商广泛活跃于这个传统行业的时代里，严格意义上的验厂其实已经被"拉平"了。也就是说，验厂这个行为从特定时间、特定地点、特定人员已经转变为任何时间、任何地点及任何人员。这就意味着通过新的技术手段，买家可以随时随地验厂，卖家也可以将具象化的标准表现通过技术手段随时"推送"给买家，由"被买家要求"验厂转变为"邀请"买家来"验厂"。

验厂还涉及品质验厂等其他审验。无论哪一种验厂的过程，都是建立在构建买卖双方有据可查、有章可循的基础上的。不论通过线下的方式还是通过线上的手段，实现的结果都是一样的。对于每个企业来说，提升自身的内在管理能力，将所有管理细节化，同时将与买家建立合作标准规范化，都是未来发展的主旋律。作为外贸从业人员，要做的不仅仅是验厂这件事，而是将所有的事情都线性化、相关联。

在本节里，笔者提出了一个概念，就是将验厂线上化及扁平化，目的并不是说验厂这件事情有多简单，也不是有多复杂，而是站在找到根本逻辑的立场上，将验厂拆开分解讨论其存在的本质，也期望通过这种拆解，外贸从业人员能从中得到一些启发，在新的机遇中找到属于自己的机会点。

3.7

如何处理订单执行过程中的突发情况
（交货期延迟，验货没过等）

国际贸易中，经常会遇到各种各样的问题，也都会经历一些或大或小的困难和麻烦。在本节里，笔者就订单执行过程中的突发情况进行讨论，看看应该如何处理这些突发状况。

业务"利"为先，无论是哪种业务，都离不开利益的驱动，因此，在订单执行过程中，任何情况都是围绕利益发生的。也就是说，在订单处理过程中，如果发生了一些突发情况，其实都可以通过利益来解决。

跨境贸易与常规的国内贸易相比，突发情况较多，从事跨境贸易的业务人员，工作中难免碰到许多"莫名其妙"的情况。在本节里，笔者对突发情况进行简单的划分。

3.7.1　常规突发情况

笔者把一些人为导致的情况称为常规突发情况，比如，交货延迟或者因为某些原因导致产品质量与订单要求中的质量有所差异，又或者买家验货后不通过；再如，买家在收到货之后发现货物有"问题"等。

笔者在关于沟通的相关章节已经讨论了买家投诉的沟通方法，所以，在本节里，笔者不会重复讨论如何与买家沟通，而是把关注的焦点放在如何区分突发情况产生的原因上。正如笔者一直强调的一个原则，我们在讨论任何商业问题的时候，都要尽可能地透过现象看到事物的本质，这样才可以更好地将事情推进下去。在业务中，最怕的不是发生情况，而是发生情况后造成业务停滞不前。

商业就像水流，只有一直处在流动状态，也只有不断流动的业务，才能让过去发生的问题伴随着新机会的产生而逐渐淡化，最终解决问题。假如发生一些事情之后，生意就停滞了，非但问题不能得到妥善的解决，反而会激化矛盾。

除了上文中笔者讲到的需要第一时间面对问题之外，最重要的是找出和区分产生问题的原因。日常业务中，产生问题的原因简单来说，一是买家的原因，二是卖家的原因。诚信经营，一直是国际贸易中核心的宗旨，所以，如果发生延期交货的情况，卖家要弄清楚是由于买家提供相关的资料不及时还是由于卖家自身工作不及时导致的。有的时候，卖家会以市场变化或者原材料紧张作为交货期延迟的理由。在这里，笔者的意见是，这些理由是不成立的，因为在商业契约达成之前，无论是买家还是卖家都应该对产生任何影响交货期的可能性做出预先的判断。如果没有提前做出预判，发生问题的时候，卖家就应该承担责任。这也是为什么在交货期特别严格的订单里，买家会在合同中注明：

Any delay of delivery is not allowed. 3% of total contract amount will be considered as the fine for each day of the delay.

所以，对于交货期敏感的买家，卖家尤其要注意预防交货期可能延迟的事情，预先做出规划。如果问题已经发生，笔者建议不要用上文中提到的这类原因来作为理由，否则买家的内心声音是"It's none of my business"，即使他们口头上不这么说。为了避免交货延期的情况继续恶化，反而有可能在惊讶之余会安慰卖家，以便将损失最小化。每次延期，都有可能给买家带来损失。

然而，买家一般都会给自己留后路，正因为有的卖家吃准了这一点，才会在延期交货上不太谨慎。假如买家不愿意把这个"后路"留给卖家呢？假如在合同中已经注明了上述条款呢？麻烦就产生了。所以，当这些情况发生时，卖家首先应该做的是计算买家可能产生的损失，并且在预案中将损失列入赔偿列表中。

看到这里，也许有些卖家会说，处理这些问题不就是为了避免赔偿吗？其实在真实的商业世界里，很多东西是用金钱及利益来衡量的，对于大多数"违约"情况，很多需要通过金钱或利益来解决。笔者在本节之所以谈这些突发情况，并不是告诉卖家如何通过手段来避免赔偿，而是分析产生这些问题的原因，并且避免这类情况所导致的赔偿，这与《孙子兵法》的精髓"不战而屈人之兵"是一样的道理。

通常而言，延期交货是难以避免的一种情况，但质量差异却是完全可以避免的。为了避免质量差异，除了在与买家确认订单时反复落实之外，还可以通过对等样及技术参数来解决。同时，为了避免因为公差而产生的质量差异，卖家还应该在合同中将公差所执行的标准注明。切勿将工厂标准当作工业标准来使用，也不要将"行业惯例"当成是检验质量的"想当然"的标准来执行。如果这些工作都做好了，买家对质量还不满意该怎么办？这很可能涉及买家恶意拒收货物，卖家就要履行订单中规定的风险防范措施。

　　归根结底，本质是谁掌握了主动权，谁就能在突发情况发生时掌握最大的优势。

3.7.2　非常规突发情况

　　上文中，笔者讲述的买家对已经确认并且完全按照确认的细节生产出来的产品产生质量异议的这种情况，其实，这也可以被归为"非常规突发情况"，为什么呢？其实就是买家因为某些不可知的原因，"刻意"对订单履行的标准做出否定的行为。虽然在跨境贸易中，卖家有很多相关的法律法规可以作为参考，但是，在实际操作中，很少能成功利用这些国际法规来保护自己的利益。原因有很多，其中最重要的一个就是这些法规大多是基于通用惯例制定出来的，无论发生什么情况，最终还是要通过买家或者卖家所在地的法律来判别，这就给维权带来了极大的困难。

　　但在非常规突发情况中，有一种叫"不可抗力"（Force Major）。不可抗力是指不能预见、不能避免并不能克服的客观情况。不可抗力的来源既有自然现象，如地震、台风，也包括社会现象，如军事行动。作为人力所不可抗拒的强制力，具有客观上的偶然性和不可避免性，主观上的不可预见性和社会危害性。

然而，在对不可抗力的认定上，不同国家的认定标准并不统一，虽然有基本的认证依据，但是在这一点上，各国法律的解释并不一样。在《联合国国际货物销售合同公约》中有相关规定：如果当事人一方未及时通知而给对方造成损害的，仍应负赔偿责任。如果想要尽可能地降低或者减免由于不可抗力所造成的影响或损失的话，卖家需要在第一时间将可能产生的问题告知买家，否则即使不可抗力有不同的解释，卖方也还是要承担赔偿责任的。

合理地利用"不可抗力"其实可以解决很多问题，但是，正因为它的不确定性，在解释上也会有很多"套路"，外贸从业人员应该都知道。

在跨境贸易中，有许多法律和法规，也正因为如此，才使得跨境贸易可能产生的问题比其他贸易形式多。笔者作为这个行业的从业者，要学习的东西也很多，其中最为重要的还是诚信这个立命之本。只有踏实本分做业务，做出好产品，才是真正推动自己企业进步的本源。不可避免的是，日常工作中总会遇到"不诚信"的卖家或买家，除了通过法律和法规来保护自己之外，还要了解我们可以利用的"东西"。

出现问题不可怕，可怕的是不知道问题产生的原因，也不知道自己的行为和举动可能造成哪些损失。面对突发情况也不用着急，跨境贸易的魅力正在于处理各种突发情况时，展现出来的每一位外贸从业人员在这个行业的"艺术"时刻。

市场开拓

四步助你成为外贸高手

4.1

追随经济趋势提前布局海外市场

中国作为第一生产制造业大国已经很多年，在中国以定制代工为主的生产模式随着国际政治经济环境的变化而逐渐发生改变。在新一轮的国家经济规划中，制造业的转型升级也被提上了日程，同样地，作为跨境贸易的从业者，笔者心中一直有一道过不去的坎，就是我们什么时候可以更"轻松"地、更自由地把产品卖到我们想卖的地方去，什么时候可以转换自己的身份，从一个单纯的代加工企业变成一个可以有自主品牌和自主设计能力的，更具备竞争力的企业。

事实上，中国供应商在产品的制造能力上，早已具备出海的能力。虽然在设计、品牌方面，还处于绝对的弱势，但是即使已经拥有了品牌和设计的企业，最终也需要将设计落在制造出产品这个最基本的能力上，因此，对中国供应商来说，需要的只是机会、合适的方法和正确的方向而已。

2020 年，中国无论是经济上还是外交上都发生了很大的变化。尤其是在经济上，面对突如其来的新冠肺炎疫情中国是全球唯一实现正增长的国家。正因为如此，中国对于西方国家而言正在经历从不被认知到被广泛关注，由认可层面向认知层面跨越。

曾经很多中国企业率先打入国际市场，开始了海外市场布局，然而，遗憾的是，绝大多数先行者不幸成为"先烈"。事实上，这些企业不是产品不行，也不是实力不行，主要是几个方面的压力导致企业要么无法存活，要么举步难艰。

第一，来自文化的差异，中华民族文化源远流长，与西方文化有着先天的不同。"中国制造"在成为一个响当当品牌的同时，也因为早期发展过程中过于便宜等原因给海外市场留下了不好的印象。在这种不好印象的影响下，我们无法通过市场需求驱动为产品注入足够的价值，反而让海外布局变成一种既耗钱又看不到未来的行为。

第二，在国家与国家的层面，作为中国供应商的我们，虽然劣势不明显，但也没有明显的优势。中国与海外各国的经贸合作还停留在基础的层面，是基于世界贸易组织大框架下的基本合作，远未形成一种区域性的优势。基于大方向的考量，中国的产品可以满足中国产品出口的需要，但是还远未达到让成规模的企业将商业布局到海外的程度。

然而，自从互联网诞生以来，给了所有跨境从业者一个新的方向，就是用更低的成本实现海外布局的基础阶段。事实上也是如此，伴随着越来越多的跨境贸易从业者通过跨境电商手段来实现第一步零的突破，也让海外市场逐渐改变对中国低价、低质产品的不良印象，中国产品正在发生着潜移默化的变化。如果大家关注一些海外的视频网站，就会发现，海外 UP 主（Youtuber）们在自己的频道介绍、推荐、评测的产品，越来越多地带有中国的味道。在碎片化时间越来越严重的今天，这些自媒体带来的舆论影响力，不会低于传统媒体。

中国跨境贸易从业者也更清晰地认识到，通过传统的方式已经很难实现多快好省的拓展市场和布局海外，必须依托某种更高效、更实惠的方式来实现本质性的突破。但不容乐观的是，在寻找渠道和方法的同时，在哪里布局，面对哪些市场，在什么时间做出合适的动作，同样成为困扰中国企业的问题。

RCEP 的正式签署，中欧投资协定谈判的全面完成，对于中国企业来说，是历史性机会，但也带来了更加巨大的风险。因为区域性的经济合作是双向的，并不是单一满足中国的输出，也要满足另一方对中国市场的输入。中国企业目前的产业结构很难抵御来自外部的强力冲击。这么看来，似乎对我们的不利更多了？其实也不是这样的。

全球化的产业链其实不单单是在生产上的合作，更是资源上的合作，笔者多次提到，产业在不同的国家和地区是具备不平衡性和互补性的。也就是说，在中国与其他国家（地区）合作的时候，对于生产制造型的企业来说，更多的是一种产业的结合和资源的相互调剂。比如，中国的人力成本优势在近些年的发展中，已经不再像早期一样成为优势，这就意味着，我们无法与在这方面还具备优势的国家，如泰国、缅甸、越南、印度、孟加拉国等相比较，导致的结果就是主要依靠人力成本优势的劳动力密集型的产业在这场全球产业合作中劣势明显，如服装行业。但是，中国在多年的制造中，已经积累了大量的经验和质量控制能力，可以将已经具备的设计和工艺制造能力向这些国家输出，利用这些国家的成本优势继续将自身具备的优势进一步放大。另外，对于中国日益缺乏的资源优势，也可以通过与对应产业相关的国家（地区）的合作来解决。所需要的时机其实就是以国家层面建立的与这些海外的经贸合作。从这个角度来看，RCEP 等现今已经签署以及未来将达成的区域间的合作意向就变成了外贸从业人员开拓海外市场以及布局海外市场的重要契机。

4.1.1　文化差异

现在是跨境电商时代，不需要出国也可以把产品介绍给所有人。既然中国与海外市场存在巨大的文化差异，那就通过表达方式的改变来跨越这道不可逾越的鸿沟。通过对不同国家和市场的文化习惯的了解，对现有产品从设计、包装到实际使用场景的分析，就可以有针对性地设计和生产出对应的产品。通过内容的表达来解决文化的问题。而且，这些内容不仅限于文字，还包括图像、视频及更有故事性的短视频等，这样做的好处是将产品生产国（地区）界线模糊化，将视觉焦点集中在产品本身。

4.1.2 宣传布局

通过跨境电商平台及任何与"人"有关的社会关系平台（其中包含了社交平台及不以社交为主的构建主体口碑的网络平台等）"制造"发布相关的内容，组合成一个与企业和企业产品直接或间接相关的宣传平台矩阵，将产品和产品相关的延展服务等进行大范围的传播，协助企业在海外的产品和品牌布局构建一套可行的宣传手段或者渠道。在这个互联网应用极其丰富的时代里，任何一种方法都有可能在特定的人群和特定的地区发挥出意想不到的作用。而且，与传统宣传营销手段相比，构建一个基于互联网的营销矩阵成本要低得多，也可计算得多。

4.1.3 合作共赢

在海外布局就需要寻找与布局有关的合作伙伴，单打独斗是不可能在当今社会生存的，因此，在过往寻找买家的基础上，要尝试与买家建立以长期发展为重心的合作模式。如今与买家建立的也不会再单纯地聚焦在买卖关系上，而是要把这种关系进行延伸，让它更适合未来在不同市场布局"生出"不同的本地化的种子。当然，这样做是需要付出代价的，要求企业牺牲一部分短期的利益而去追求长期的收益，但是如果与自己到不同的市场依靠"人力"打开市场局面相比，这个成本则非常低。

由此来看，业务员与这些大布局之间，其实存在很深的关系。企业的发展离不开企业中的任何一个员工，而作为基层员工，他们所面对的是第一线的信息和资源。因此，对于一家企业来说，业务员的思维模式一旦被打开，对于现有的跨境贸易是利大于弊的。

4.2

如何应对同行的竞争

伴随着供应链的国际化进程越来越快，跨境贸易中的全球供应链布局也越来越广。作为全球最大，也是最完整的生产地——中国市场内部，生产同一类产品的"同行"供应商也是数不胜数。事实上，在全球化的供应链体系中，中国供应商传统意义上的同行竞争者早已不是过去的概念。然而，大多数中国供应商仍然把国内的同行当作自己的竞争者，也一直在与中国的同行产生不同维度的竞争。尤其是在跨境贸易这个行业，由于中国早期发展的路径，从而导致中国同质化的竞争异常激烈。

在过去几十年中，由于各方面成本的不断攀升，中国产品的附加值普遍偏低，企业品牌化进程难有巨大发展，最终，多数的同质化竞争者也进入一种非良性竞争当中。无论是面对国内的同行，还是国外的同行，都很难做到以质取胜及以服务取胜。这些都是实际存在的问题，并非为了突出一个主题而刻意将问题放大。

产品本身的价值在同质化严重的今天，很难通过产品自身来体现，更多的是体现在产品的附加值上，比如产品的品牌、产品的市场占有率、产品的质量、产品的服务和企业的客户黏性等。如果一个产品系列具备上述特征，也许我们需要讨论的就不是竞争问题，而是市场客户生命力的问题。但是，既然多数产品都还不具备上述特征，那同行之间的竞争就只剩下最不应该去竞争的产品成本，而产品成本的外在表现就是产品的价格。

没错，在面对同行竞争的时候，最多体现的就是让利。为了使让利"合理化"，在面对市场"质疑"的时候，面对买家还价的时候，中国的供应商往往会把方向"引导"到价格竞争上，通过自己的成本控制能力来体现自己的"优势"，体现自己与别人的不同。比如说自己的原材料与别人不同，自己的生产工艺与别人不同，自己的人员成本比别人高多少等，在跨境贸易谈判中屡见不鲜。

在国际贸易中，在与买家沟通产品，为采购定性的阶段，上述讨论都是积极且有意义的，但是在买家最终做出决定的阶段，再谈论这些问题，就有点不合适。因为在这个阶段，再讨论这些问题，容易把整个话题带到与同行的比较上去。笔者在其他章节里已经讨论过，任何卖家是无法左右买家的决定的，只能通过呈现真实有价值的信息，帮助买家做出他们自己的决定，做出一个对供应商更有利的决定。所以，在这个阶段卖家应该做些什么来影响买家的思维，从而帮助买家形成对自己有利的判断以及做出对自己有利的决定呢？

4.2.1　解决价格唯一的桎梏

影响买家做出决定的因素中，价格只是其中之一，绝不是最重要的因素。"便宜没好货"这个道理众所周知，但是大多停留在这句话的表面意思上。买家的角色不同，他们对于价格本身的敏感度是不同的，因此，价格的讨论也就是买家对卖家信任度的考验，同时也因为产品本身不足以打动买家，买家对于"性价比"的考量。换句话说，当卖家的产品价格与买家其他供应商生产的产品进行对比的时候，买家发现卖家的产品与其他供应商的产品相比并没有什么特色，并不能让买家或者买家的市场赢得独特的价值的时候，价格比较就成了体现"性价比"的唯一方法。所以，当不可避免地因为同质化产品出现的时候，并不是要针对价格和成本进行比较，而是应将产品的独特性或者与企业自身相关的产品的延展特性表现出来。比如，产品的售后策略，对于产品质量的保障策略，在采购产品之后的阶梯性价格保护策略等，这些都是提高产品性价比的手段。每个卖家都知道一个长期且稳定的买家，对于业务的重要性。所以说，单纯靠价格维系的买家，一般来说，都是不长久的，也起不到维系长期客户的作用。

4.2.2 产品好不好，买家说了算

卖家要明白，买家之所以针对价格方面与供应商的同行进行比较，一方面除了价格原因之外，卖家的产品与其他供应商的同质化严重；另一方面，也代表了买家对卖家有很大的兴趣。如果买家对这个卖家没有兴趣，对产品或者其他方面不感兴趣的话，买家不会花时间在一个并非核心问题的地方。作为卖家，要分析自身哪一点真正"打动"了买家，并将这一点放大，自然就弱化了价格的"影响力"。很多时候，对买家而言，是否选择一家供应商作为长期合作伙伴，对产品质量稳定性的考虑远大于产品质量本身。因为不同的市场，对于产品质量的要求是不同的，并不是说产品的质量越高越好。一般来说，产品的质量与产品的制造成本是成正比的，也与产品的销售价格成正比。在特定的市场和条件下，并不是质量越好的产品就越受到市场的青睐，合适的产品质量才是最重要的。站在买家的角度来说，一般买家不会和供应商说：把质量做得"差一点"。这里的"差一点"，指的是将成本降低一点，价格低一点以适应当下市场的需求。如果这么说了，则代表放弃了对产品基本品质的把控。然而，买家不说，并不代表卖家不知道。当面对买家与同行比较的时候，卖家要明白，通过适当的商品质量调整是可以更快获得买家认同的。切记，降价，并不等于让利，也不等于放弃产品品质。

4.2.3　贬低同行只会让人反感

靠贬低别人获得认同的做法，在商业世界里是大忌，尤其是在面对买家拿自己与同行进行比较的时候。相反一个懂行的供应商，永远会选择赞美同行，因为这间接表现了自己的自信。所以，当买家做出比较时，卖家非但不要将自己放到与同行一个层次去比较，反而要通过一些谈话技巧抬高自身层次，将选择权交还给买家，这样才能充分体现中国传统文化中的"欲擒故纵"。比如：

We trust our customers because we believe that the customer's decisions are always right. We are looking forward long term business relationship, and we put a lot of effort into the improvement of the business. So, we believe you will make the best decision on this. Thank you.

最后，也是最为重要的一点是，打铁还需自身硬。影响买家决策的因素不止上述这些，不同的场景下，同行竞争的维度也大不相同。本着透过现象看本质的原则，在任何表象的背后，一定隐藏着一个深刻的道理。同行之间的竞争，归根结底都是实力的竞争。在本节里，笔者反复讨论了价格本身，价格确实也是影响同行竞争的一个因素，并不能因为在贸易中价格是次要因素而忽视它的存在，相反，卖家更要重视价格的组成，通过价格来体现自身的实力。

在市场竞争中，通过低价快速占领市场的实例有很多，但是，之所以低价占领市场，并不是因为价格本身，而是品质好，服务更优，产品的延续性也更强。这看似有悖于传统的销售，因为没有人做亏本的生意，但是，谁说只能在销售中赚钱呢？卖胶囊咖啡机的商家从来不指望在机器上赚多少钱，反而在咖啡胶囊上赚钱；健身房也从来不在健身卡上赚钱，而是在私人教练身上赚钱。其实与同行竞争的手段不胜枚举，核心都是一样的，就是发现自己的优势，并将优势扩大化，同时，长远布局，满足市场的需求而不单单是买家的需求，将短期需求长期化考虑并建立市场的黏性，最终形成一套属于自己的竞争壁垒，从而树立品牌。

俗话说万丈高楼平地起，任何成就都是建立在切实地完成每一步细微的动作的基础上，因此，面对同行竞争的时候，卖家不能只看眼前利益，更要看到长远利益，从市场需求的角度出发，方能完成不战而胜的任务。

4.3

如何准备展会，在展会中如何谈判，
展会后如何跟进

国内外的展会是市场开拓必不可少的手段之一，无论在什么时候，展会都可以为一个企业的市场开拓提供助力，但是，如何准备一个展会，以及在展会中如何更好地发挥展会应有的作用呢？

对于中国的中小型企业而言，要投资参加一个海外的展会，成本高昂。笔者做过大致的估算，一般来说，参加一个海外的展会需要两名工作人员，展会举办四天，前后加起来就是一周的时间，还不算样品准备的时间及前期对客户的邀约等。而成本依据展会举办的地点，也会有所不同，但大致估算为 8 万元到 12 万元人民币。如果一年参加四个展会（事实上，不同的国家，从参展买家的覆盖范围及展会本身的专业性来看，一年中远远不止四个展会），大约展费为 32 万元到 50 万元人民币。这也是许多企业选择通过跨境电商平台开拓市场的原因之一。

另外，海外参展对于人员的要求比通过跨境平台来开拓市场的要求高很多，因为展会要与潜在买家进行面对面洽谈，而跨境电商平台绝大多数时候是不需要与买家见面的，因此，参加展会首先要解决的就是人员的问题。该人员不但在语言上有一定的功底，对展会举办国的买家，对所在国的市场以及市场趋势，还有产品的专业性都要有相当的了解。这其实在一定程度上为展会设置了比较高的门槛。对于刚开始从事跨境贸易，还没有建立一支具备专业素养的队伍来说，难度是比较大的。

然而，讨论展会如何准备之前，笔者先谈一下展会与跨境电商平台之间的异同点，这能帮助外贸从业人员更好地理解展会，同时为外贸从业人员即将开始的展会准备做一些参考。

认清跨境电商平台与展会之间的异同

　　跨境电商平台最大的优势是没有时间限制，它适合所有时区的国家和买家，因此，跨境电商平台出现的初期阿里巴巴国际站就将自己称为"永不落幕的广交会"。这个称谓代表了跨境电商平台的基本功能是展示，而线下展会的基础功能也是展示。在本质上，两者之间没有特别的不同，如果说有不同的话，除了时间限制之外，就是展示方法和地点的不同。作为线上的展示方法，卖家最不能预知的就是哪个买家会来看我们的产品，什么时候来，来看什么。线下展会则有些不同，因为展会的举办方会定向邀约潜在买家参与，而且因为展会的举办时间是固定的，所以，卖家可以知道展会上潜在买家什么时候来，也能知道参展商有哪些，可以大概判断出这次应该带什么产品去参展。

　　说到展品，笔者不得不说没有互联网的时候是如何准备展品的。参加展会前，卖家会开会讨论这次展会应该带什么展品，而买家与卖家是一样的状况，远不如现在可以通过互联网找到任何一件他有意向的产品或者一家供应商。那么，卖家准备的展品是否能在现场打动买家，就显得非常重要，正因为如此，以往卖家参加展会的目的也非常明确，就是在现场签下订单。然而，随着互联网的发展，跨境电商平台兴起后，越来越多的供应商和买家都通过互联网来寻找有意向的买家或者卖家。在跨境电商平台上，卖家也可以"肆无忌惮"地展示自己的产品，甚至在参加展会的时候，会涌现很多卖家现场产品的好产品上线，这就意味着买家可比较的范围一下子扩大了。这对于参展来说，本身就是一种挑战。

4.3.2　融合跨境电商平台与展会

但是，谁又能说跨境电商平台与展会之间不可以结合呢？正如现在的线上展会一样。形式上的变化，带来了合作机会的变化。所以，卖家可以从跨境电商平台上找到什么来参展，并达到预期效果呢？无论是哪一个跨境电商平台，在后台都有几组数据供所有用户参考。比如，访问量、点击量、曝光量等。笔者不对其他的数据展开探讨，因为很多数据不一定对展会有所帮助。笔者认为可以从上述三组数据中发现一些对准备展会有用的参考。

访问量就是在一段时间之内访问最多的产品。只有在同一个周期下，对比不同的数据，才会给卖家带来参考价值。那么，在一段时间之内一个或者多个产品的访问量，与另一个时期，尤其是上一年展会举办的同一时期进行对比的话，就会发现流量上存在差距。如果现在的数据大于上一年展会时期的数据，就代表该产品的关注程度上升，反之，则是下降。

再看看点击量，点击是在访问之后产生的行为。如果访问量是因为卖家在平台上投放了广告所带来的"异常"的话，那点击这个行为则是买家的主动行为，是因为产品本身市场趋势的变化或者卖家对产品的宣传到位激发了买家对该产品的兴趣。

最后，导致曝光量增加或者减少的则是买家对于某类产品市场变化直观的体现。市场需求高，则该类产品的曝光量就会增加，反之，曝光量则会相应减少。卖家参展的目的是让买家看到"眼前一亮"的产品，所以，卖家在准备参展品的时候，对于曝光量大、访问量高、点击量也高的产品，要格外重视。由于卖家对这些数据的分析是基于一个特定的时期，因此展品的精准度就可以得到很好的优化。

 ### 4.3.3 利用跨境电商平台的优势打造更好的"展会"

跨境电商平台还有一个优势就是可以根据不同的目标市场对自己的"店铺"进行针对性装修和装饰。对于跨境电商平台上的风格，是属于视觉上的，因此，在线下展会时，卖家的风格可以与线上平台的风格保持统一。这样无论买家与卖家有直接交流还是没有过交流，都可以在第一时间将线上的印象带到线下，有助于卖家给买家留下良好的第一印象。

讨论到现在，笔者终于回归到一个不得不谈的话题，假设一年参加四个展会，参加哪个展会则直接影响卖家的投入。对于这个话题，大多数企业都是基于过往的经验或者行业中的口碑来选择，而刚刚从事跨境贸易的企业或者从未参加过展会，没有过往经验的企业怎么办呢？完全参照口碑做出选择？当然不行。谁都知道，现在线下的展会在跨境电商平台的冲击下受到了很大的影响，无论是展会规模还是展会效果都不能与跨境电商平台未出现时相提并论。参展需要更谨慎，将资金投入最优化和参展效果最大化，一直是卖家参展的第一目标。因此，卖家还是可以利用跨境电商平台上的数据进行分析和判断。

从任何一个跨境电商平台，卖家都可以看到一整年的访问数据。在什么时间段里，卖家店铺被访问得最频繁，是可以通过后台的数据查看到的。在这个时间段里，也必定是买家市场对这个行业最活跃的时间段。另外在这个最活跃的时间段里，哪个国家（地区）的访问量多，也间接代表了这个国家（地区）的市场潜在需求大。

所以，卖家通过这些数据的分析，就可以得到参展时间和地点的参考。这对于卖家提高参展效果是非常有用的。

终于到了正式参展的环节，现场谈判怎么谈？笔者上文中提到过，在早期，卖家参加展会的目的是非常明确的，那就是现场签单。那时，要实现这个目标要比现在容易许多，原因是那时利用的是信息不对称和资源不对称等。而现在，实现这个目标会很困难，因为无论是买家还是卖家，"口味"都提高了很多，也不存在所谓的信息不对称，买家选择的余地很大，甚至大到在展会现场就可以有针对性地比较和分析。由此看来，卖家如果想在展会现场签下订单，就需要做更多的前期工作。

没错，一切的谈判都是基于前期准备的，所以，在参展环节正式到来之前，卖家还是可以通过跨境电商平台做一些准备的。相信每一年，卖家通过跨境电商平台获得的客户采购需求都是海量的，但是最终成交量远不如这些需求。在这里，笔者并不会讨论为什么没有成交，因为成交的原因有千万种，而不成交的理由也有千万种，归根结底一句话：订单的成交是需要在特定的时间、特定的场合和特定的环境下实现的。那没有成交的资讯就没有价值吗？当然不是。笔者会把大多数时间放在找更多、更好的资源上，让这些暂时不能成交的买家等到一个合适的时间点。这个时间点就可以是参展的时间点。因此，展前准备的最后一个环节就是整理所有展会所在国及周边国与卖家建立过联系的买家邀约，激活他们，把适合他们的产品带到他们身边。这样在展会上达成合作意向的概率就会比靠想象出来的机会大得多。

至于展会现场的谈判策略，笔者讨论到这里已经呼之欲出。如果前期准备充分的话，现场的主要谈判对象一定是对企业有所了解的"老"客户。谈判围绕的就是通过网络没有办法证实的，或者说没有讲明白的，通过实际产品与买家沟通的成功率也一定大于通过虚拟产品展示的成功率。至于那些第一次来的潜在买家，记下他们的联系方式、需求点，更多的则通过现场的气氛增加他们的认知，最后，把他们引导到线上平台，与他们从实体转到虚拟，就可以把展会的效果放到最大。

在跨境电商不断成长的今天，越来越多技术手段的出现，帮助买卖双方达成交易。有的时候，在线下可以完成许多线上无法完成的工作，同时，线上的技术也可以帮助买卖双方建立线下有限时间里不能完成的洽谈。无论什么时候，线上展台与线下展台要完成的使命都是一致的，不存在绝对的竞争和冲突，两者充分地融合利用才能将展会的效果最大化，让买卖双方都受益。

跟买家电话沟通的技巧

　　自电话问世以来，在很长时间里解决了人与人的沟通问题，而自从互联网出现后，曾经通过电话解决的问题，也可以通过网络解决了。跨境贸易的沟通也从早期的电报、传真转移到了电子邮件、WhatsApp、TradeManager 等即时沟通工具上。经过若干年的发展，许多跨境贸易从业者似乎已经习惯了现代的沟通方式。

　　尤其是中国，互联网应用的水平已经远远超过海外很多国家，很多人早已将通过互联网来沟通当作唯一的沟通方式，反而忘却了电话本来的功能。

　　许多国家在互联网渗透率上，远远落后于中国，这也使得电话这个原始功能的使用率远远大于中国。笔者曾多次被学员们问到以下问题，就是卖家如何知道买家有没有看卖家的邮件，卖家该如何让买家回复卖家的邮件？或者，为什么卖家给买家发了消息，买家看都不看呢？这时卖家该怎么办？

　　卖家要知道许多海外买家并不依赖互联网生存，尤其是那些生意人。这些年笔者去过许多国家，想当然地使用中国人已经习以为常的习惯在这些国家"游荡",但是,每次回国后都会感叹,在中国很多事情可以用互联网来处理,而在这些国家却不行。与之对应的是,笔者在这些国家,用上了信用卡,重新印刷了名片,也"被习惯"地使用电话来联系买家们。

 建立联系需要用对方熟悉的方式

做业务最要紧的是与对方建立联系,如果我们是买家,卖家自然会用我们最熟悉的方式来寻求联系。遗憾的是,到目前为止,中国从事跨境贸易的,绝大多数还是卖家。既然是卖家,就要有卖家的"觉悟",去寻求买家习惯的联系方式用以建立联系,而不是想当然地用卖家习惯的方式来处理。

笔者发现,在中国跨境电商的从业者中存在这样一种怪现象,就是不敢给买家打电话,一部分人觉得自己的语言能力差,担心说不明白;另一部分人则很自信地给买家打电话:

"Hello, this is ××, I've sent you an E-mail, could you please check your E-mail and get back to me?"

每每听到这里,笔者都在内心中呐喊:"What the hell!"

所以,本节里,笔者简单地讨论几个问题,那就是怎样给买家打电话?在电话里应该说什么?打电话的目的是什么?在什么时间给买家打电话最好?

4.4.2　怎样给买家打电话

如果直接通过运营商给买家打电话，当然是最好的，但是，费用会比较高，不同的国家费率也不一样。普通卖家可以利用一些 IP 电话的方式来沟通，通常效果还可以。网络电话是 Skype，因为 Skype 可以通过网络直接拨打实体电话，费用也相对便宜，并且可以通过 Skype 的官网充值。Skype 的好处在于无论是手机还是电脑都可以拨打，但缺点就是针对有的国家，信号延迟严重。

另一个笔者比较推荐的是通过微信的 Wechat out，遗憾的是微信的这项服务不针对中国内地的用户开通。所以，如果卖家刚好出国，又有海外的电话卡，将微信绑定到这个海外的电话号码，在微信的"发现页"就会自动出现 Wechat out 功能。它通过购买点卡的方式来打全球的实体电话，无论卖家在哪里，都可以通过网络实现拨打电话的目的，价格还很便宜。

至于第三种，就是纯网络的电话，这在国外比较普遍，就是通过 WhatsApp 直接拨打。因为 WhatsApp 本来就不存在添加联系人的概念，所有的联系人都是因为你的通讯录里有他的号码，而他也使用 WhatsApp，所以你们自然就成了联系人，也就可以直接通过 WhatsApp 来通话。只是在有的时候，通话质量欠佳。

4.4.3 在电话里应该说些什么

卖家知道怎样打电话后，接下来的重头戏就是在电话里讲些什么。对于这个问题，大多卖家有点茫然，除了让买家看邮件之外，还能说点什么呢？尤其是初次与买家打电话的时候，似乎应该找点话题。笔者认为，如果卖家从来没有和买家联系过，笔者指的是没有通过电子邮件或者任何的渠道与买家建立过联系，包括买家也没有给卖家发过消息，卖家还是不要打电话给买家。否则，就是一种骚扰，这等同于您接到电话问："先王/女士，您介意我加您的微信聊一聊我们专业的炒股推荐吗？"

假设卖家与买家有过至少一次的沟通，卖家可以这样说：

"Hi, this is Steven; I'm calling from China. We have had the communication via E-mail on Jun 4th, which's a week ago, I've replied to your inquiry, but I didn't get any feedback from you yet. So I think, if you can tell me more about your inquiry will be much better for me to provide further information to you, that's why I decided to call you. So I hope it won't bother you. "

这是一个既包含介绍，也包括卖家想要干什么的电话。但笔者还是建议卖家在打这个电话之前，先发邮件或者留言给买家，问买家在什么时间会比较方便，约好时间再打电话会比较礼貌。

4.4.4　打电话的目的是什么

如果卖家只想和买家确认一些讨论过的细节，而时间又很紧张，该怎么办呢？这个时候，笔者建议直接打电话过去，说完之后，再写封邮件给买家，把卖家在电话里阐述过的问题再写一遍，避免在电话里因为信号不好或者其他原因造成双方对沟通的内容产生歧义。

这样看来，卖家打电话的目的就清楚了，要么向买家介绍自己，然后把自己想要表达的通过电话告知买家；要么通过电话与买家确认一些细节；要么有针对性地提醒买家卖家的存在。无论哪种打电话方式，其实都是为了表示卖家的存在。而事实上，除了与老客户之间沟通感情和联络订单执行之外，其他的电话卖家可以随意一些，只要保持应有的礼节即可，完全不必担心自己的英文不好或者表达不行。如果买家不说英文，卖家可以选择其他沟通方式，因为沟通的首要目的一定是没有障碍。

4.4.5　什么时候给买家打电话

总有卖家会发表一些看法，说出一些特定的时间点来给买家打电话，说如果不注意这些细节就会让买家很不高兴，影响双方之间的合作。笔者想说的是，如果都这么想，则证明卖家与买家之间存在不平等的地位。没有具体的规定哪个时间合适，什么时间必须做什么的道理。卖家要做的就是尽可能地约买家的时间，在约定的时间里准时给买家打电话。如果忘了时间，将会影响双方的合作。对跨境贸易而言，最看重的就是守时。如果没有时间概念的话，业务很难进行下去。

从沟通的角度来讲，用什么方式来沟通不是最重要的，最重要的是使用买卖双方都能接受的方式来沟通。卖家千万不要以自己的行为习惯来套用买家的习惯，也不要把沟通方式看得太重。因为无论是哪种业务，最终的目的都是盈利。如果可以更快、更有效率地完成沟通，买家也会对卖家产生信任，同样也会害怕与卖家无法实现通畅的沟通而影响双方的合作。所以，笔者认为，没必要纠结打不打电话，更不要纠结电话打出去会发生什么，等发生了再说。做得要比想得多，这才是一个外贸从业人员应该考虑的，想多了，自然会错过机会。

后　记

前后经历了一年多的时间，笔者最终完成了这本书的写作，其间反复进行了多次的修改。编写这本书的出发点是希望通过书中的内容，能够帮助刚进入跨境贸易领域的新人或是从业时间不长的从业者，通过阅读从中得到一定的启发。书中的案例，是笔记从业二十多年来的真实案例。但是，在跨境贸易中，任何一个案例都不具备代表性。因为在不同的行业中，不同的时间点，甚至不同的人处理同样一件事情时，会经历不同的过程，产生不同的结果。笔者之所以会把这些案例具像化的放到不同的章节中去，仅仅是希望通过这些案例能够帮助各位读者举一反三，从中去摸索真正属于自己的思维模式和方法。

跨境贸易是一门学问，而且是一门实践远大于理论的学问，也正因如此，如果从业者仅仅是从前人的经验中"模仿"，在这个行业中一定是不能够走得太远的。正如笔者在书中反复提到的：透过现象看本质。从业者更重要的是发现这门学问当中"精髓"的逻辑，从而为自己未来的学习之路找到一个正确的方向，这才是笔者对于这本书最大的期望。

郑　锴

2021 年 8 月